선택받는 것들의 비밀

유니크굿

프레너미
FRENEMY PUBLISHING

선택받는 것들의 비밀

유니크굿

송인혁 · 이은영 지음

contents

1장
새로운 선택의 시대

2장
오직 선택이 일어나는 지점, 유니크굿

3장
선택되는 것들의 비밀

4장
사례로 보는 선택의 기술

에필로그

어떻게 하면 선택받을 수 있나요?
선택받고 싶은 욕망에 답하다

내 커리어의 시작은 대한민국 국민들로부터 매일매일 88만 건 이상 선택받는 국내 최대 유통기업이었다. 수백만 종의 상품이 매일 누군가의 선택을 받고 있는 상황에서 나의 업무는 3만 명 임직원들로 하여금 그 선택이 좀 더 효과적이고 전략적으로 일어날 수 있도록 교육체계를 수립하고 운영하는 것이었다. 또한 이런 선택의 기업에 맞은 새로운 인재들을 선발하고 훈련시키는 일 역시 나의 몫이었다.

교육의 핵심 내용은 선택의 주체가 되는 '사람의 마음'이었다. 사람들이 무엇에 반응하는지, 무엇을 기억하는지, 여러 선택의 대상을 만났을 때 어떤 내재적인 과정을 겪게 되는지, 어떤 내적 욕구를 가지고 세상을 바라보는지를 이해해야만 우리의 고객으로부터 선택받을 수 있기 때문이었다.

국내 최대이자 최고의 유통기업이었기에 우리는 관련 분야 세계 최고의 전문가들을 만나고 모시는 데에 아낌없이 투자했고 단순 교육으로써가 아니라 전문가들과 함께 구체적인 전략을 만들어가는 과정에 참여하도록 했다. 때문에 '선택'이란 단어는 내 인생에서 떼려야 뗄 수 없는 단어가 되었다.

이런 배경 때문인지 내가 만나는 많은 이들은 종종 '선택의 비밀'을 알려달라고 한다. 엄밀히 말하면 비밀보다 기술을 알려달라는 요청에 가까웠다. 어떻게 하면 상대로부터 '선택을 잘 받을 수 있을지'에 대한 질문은 물론 어떻게 하면 '좋은 선택'을 할 수 있는지에 대한 비밀을 알려달라는 것이다.

선택은 기업에 국한된 이야기가 아니다. 모든 사람들은 매일 선택하고 있고 또 선택을 잘하고 싶어한다. 그래서 '선택의 기술'을 알려주겠노라 하면 우선 사람들은 대환영의 자세를 보인다. 자신의 결정장애를 해결해달라거나 자기 주변 사람의 결정장애 때문에 골머리를 앓고 있다며 숨겨놓은 비법을 물어보기에 바쁘다.

사실 시중에는 선택과 관련한 여러 전문가들의 좋은 책들이 많이 있기 때문에 내 이야기가 특별할 것은 없다고 생각했다. 그런데 사람들은 내가 접근하는 방법에 대단한 흥미를 보이며 기존의 방식과는 근본적으로 다른 솔루션이라며 반기는 반응이었다. 그 이유를 물어보니 그들이 원하는 것은 '심리학의 이해'가 아니라 '선택의 지점'에 담긴 비밀이었다. 과학과 공학의 차이처럼 인간을 이해하는 것 자체보다는 '그래서 나는 어떤 선택을 해야 하나요? 어떻게 선택받을 수 있나요?'에 관한 핵심적인 대답이었다.

이런 관점에서 여러 서적과 방송들을 찾아보니 생각 이상으로 선택에 특화된 지점의 이야기들이 많지 않았고 심리학 관점에서 풀어내는 연구들 위주여서 일반인들 눈높이와 감각의 구체적인 접근이 부재하다는 사실을 발견하게 되었다. 즉 수많은 다양한 연구의 소개보다는 내 일상 속에서 마주하는 선택과 관련된 사례와 그 속에서의 인사이트를 제시하고자 한다.

이 책은 '선택받고 싶은 사람들'을 위한 책이다. 현대인들은 왜 신종 질병 결정장애에 걸린 것일까? 강연장에서 간단히 질문해봐도 80퍼센트 이상 자신의 결정장애를 호소한다. 이는 우리가 이미 선택과잉 시대에 살고 있기 때문이다. 하지만 잠시 이 말을 나에게 대입해봤을 때 상황의 심각성을 알 수 있다. 선택할 것이 너무 많은 시대란 뜻은 곧 나 역시 선택받기 너무 어려운 시대에 살고 있음을 뜻하기 때문이다. 경쟁이 심한 것도, 취업이 어려운 것도, 원하는 것을 이루기 어려운 것도, 갖고자 하는 것을 못 얻는 것도다 이 선택의 시대와 관련이 깊다.

수많은 시간을 꼬박 준비한 입사 면접에서 간단한 선택의 기술로 경쟁자 대신 내가 선택될 수 있다면? 여러 명의 썸남이 있는 그녀, 다른 경쟁자를 제치고 그녀의 마음을 내게로 가져올 수 있다면? 비즈니스 협상에서 상대의 호감을 사고 내게 유리한 계약 조건을 만들 수 있다면? 내 사업과 상품, 서비스가 소비자들의 열광을 받으며 선택될 수 있다면? 회사에서 상사의 마음을 얻고 선택되는 사람이 될 수 있다면? 주변 사람들에게 '저 사람 참 좋아, 같이 있고 싶어!' 하며 인기를 얻을 수 있다면?

만약 이 질문에 고개가 끄덕여진다면 당신은 선택의 기술이 필요한 사람이다. 《선택받는 것들의 비밀 유니크굿》은 세계 석학들의 논문을 바탕으로 일상생활에 접목할 수 있는 실질적인 솔루션을 제공하는 데 초점을 맞추고 있다. 그래서 자신의 선택률을 높이는 방법론을 제시하는 실용서다. 무엇보다 10년 넘게 선택의 기업 비즈니스 현실의 살아 있는 지식과 실제 사례가 접목되었다는 것이 이 책의 장점이다.

기회가 없다고?

환경이 좋지 않다고?

이미 시장의 우위를 경쟁자들이 가져갔다고?

분야를 선점한 다른 것들을 이길 수 없다고?

강사가 말하는 수단과 내 수단이 다르다고?

그래서 할 수 없다고?

이 책은 그래서 만들어졌다. 이미 성공한 사람들의 성공 방정식은 그의 것이지 나의 것이 아니다. 그래서 정확히 적용될 수 없는 것이 사실이다. 하지만 여전히 우리는 뜨거운 성공 이야기에 우르르 몰리기 마련이다. 뜨거운 남의 성공 이야기는 화려하지만 잠시 그 따뜻함을 쬐고 나면 내 현실이 더 춥기만 하다. 그래서 《선택받는 것들의 비밀 유니크굿》은 내 일상생활에서 그리고 현실 비즈니스 상황에서 즉각적으로 도입할 수 있는 실질적인 이야기를 한다. 그것이 나와 내 일의 선택률을 높이는 길이니 말이다. 이제 그 이야기를 시작하니 선택의 여정을 함께 떠나보자. 진짜 써먹을 수 있는 내 생활에 적용 가능한 선택의 기술을 말이다.

새로운 선택의 시대

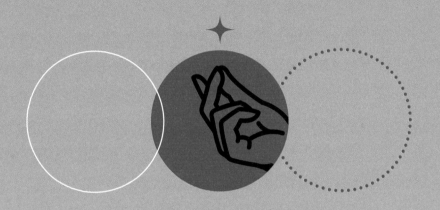

필록세라 현상, 작은 것이 거대한 변화를 일으키는 세상

1600년대 초, 유럽 사람들의 갈증을 푸는 음료는 물이 아니라 술이었다. 이유는 당시 유럽 인구의 절반을 희생시킨 흑사병 때문이었다. 이탈리아, 프랑스, 스페인 등 지역에 따라 인구의 80퍼센트가 사망한 경우도 있었다. 중국의 경우도 1334년 허베이에서 창궐해 인구의 90퍼센트가 사망했다는 기록이 있을 정도였다. 그야말로 사람들은 물을 마실 수가 없었다. 대신 당시 사람들은 하루 종일 술에 취해서 살았다고 해도 과언이 아니었다.

그러나 재앙은 엎친 데 덮친다고 했던가, 사람들을 힘들게 하는 또 하나의 사건이 생기고 만다. 와인을 만들어내는 포도나무가

썩어 들어가기 시작한 것이었다.

때는 신대륙이 발견되고 본격적인 대항해시대가 펼쳐지고 있었다. 커피를 포함한 향신료 등 다양한 먹거리들이 본격적으로 개척되고 교역되고 있었다. 포도도 그중 하나였다. 미국은 그 땅의 크기만큼이나 다양한 종류의 포도가 자라고 있었다. 유럽인들에게 이것은 새로운 기회의 발견이었다. 다른 환경의 땅에서 자란 다양한 야생의 포도는 곧 새로운 와인 산업의 확장을 의미하기 때문이었다. 그러나 막상 미국산 포도는 와인용으로는 적합하지 않은 것으로 판명이 났고 대신 식용으로 도입하기 시작했다. 그런데 여기서 예상치 못한 일이 발생한다.

교역 과정에서 포도만 수출입한 것이 아니라 각 지역의 포도나무 묘목까지 이동한 것이었다. 유럽산 포도나무를 미국에서 재배하고, 미국산 포도나무를 유럽 땅에 심었다. 문제는 미국산 포도나무 뿌리에서 기생하는 필록세라(포도나무뿌리진디)였다. 모기가 사람의 피를 빨 때 분비되는 침 때문에 항체반응이 생겨 피부가 부풀어오르는 것처럼, 진딧물이 뿌리의 양분을 뽑아먹으면서 비슷한 반응을 일으켜 결국은 뿌리에 영양을 공급하지 못해 괴사가 생긴 것이다.

미국산 포도는 오랜 세월을 거치면서 필록세라에 대한 내성이 생겨 문제가 없었지만, 유럽 토양에 미국 포도나무가 심기고 그 땅에 필록세라가 서식하기 시작한 것이었다. 그 결과는 처참했다. 유럽의 포도나무는 20년 동안 씨가 말랐다고 해도 과언이 아닐 정도였다. 유럽 전역의 포토밭은 초토화되었고 남미 지역을 제외한 포도 재배지 대부분으로까지 확산되어 와인 관련 산업은 그야말로 주저앉아버릴 지경이었다. 결국 시간은 걸렸지만 필록세라에 내성을 가진 미국산 포도나무의 뿌리에 유럽 포도의 가지를 접붙이는 시도가 성공하면서 상황은 정리된다. 그래서 지금 우리가 마시는 대부분의 유럽산 와인은 사실 미국산이라는 우스갯소리를 하는 이유가 되었다.

눈에 잘 보이지도 않는 미미한 존재 필록세라, 그러나 필록세라는 세계 술의 역사를 바꾸는 계기가 된다. 와인 생산이 사실상 중단되자 사람들은 생존을 위해서라도 새로운 술에 대한 수요를 가질 수밖에 없었다. 자연스레 서민들이 마시던 술인 위스키나 맥주에 눈을 돌리기 시작했다. 맥주의 품질을 높이는 계기가 되었고 에일 맥주의 본격적인 생산은 물론 병맥주를 개발함으로써 맥주 유통 산업을 키우고, 토속주였던 스카치위스키가 영국 상류층의 술로 자리 잡기 시작할 뿐만 아니라 고급 위스키들이 본격 제조되기에 이르렀다. 또한 동물과 식물의 교역 시 원산지 표시제도와 검역관리 체계가 자리 잡는 계기가 되었다.

필록세라 효과

이처럼 전혀 상상치도 못한 지극히 미미한 요소가 생태계 전체에 영향을 줄 정도로 큰 파급효과를 일으키는 현상을 필록세라 효과(Phylloxera Effects)라고 부른다. 나비의 날갯짓이 지구 반대편에 태풍을 일으킬 수도 있다라는 의미로 나비효과를 떠올리기 쉽지만 그것은 초기의 변수 자체가 결과적으로 영향을 줄 수도 있다는 개념적인 것에 국한된다. 반면에 필록세라는 실제 생태계에 지속적으로 영향을 주는 구체적인 존재가 있고 그것이 미치는 파급효과를 극복하기 위한 새로운 돌파구를 일으킨다는 점에서 차이가 있다.

밀레니엄 이후 시작된 트위터, 페이스북, 인스타그램 등은 처음에는 그저 셀카 사진을 업로드하고 일상을 공유하는 수준의 작은 SNS활동이라고 치부되었다. 하지만 이것은 우리가 깨어서부터 잠들 때까지 라이프스타일 전반의 근원적인 변화를 가져다주었고 관련 산업들의 판도를 완전히 바꾸었다. 그저 사소한 사건, 사소한 감정들이 전 지구에 영향을 미치고 요동치게 만드는 필록세라가 되었다. 그 열풍은 더욱 거세졌고 이제는 도대체 어떤 것이 세상에 영향을 일으킬 잭팟이 될지 예측 자체가 불가한 지점에 이르렀다.

2단계 유통 이론(Katz and Lazarsfeld, 1940s)

인터넷이 존재하기 전인 1940년대, 사람들은 지극히 물리적인 공간의 영향 내에서 연결을 수립하고, TV와 라디오 같은 소수의 매스미디어를 사용한 정보 확산 구조를 취하고 있었다. 이때 펜실베이니아대학의 카츠(Elihu Katz) 교수 연구팀이 밝혀낸 2단계 유통 이론에 따르면 기본적으로 사람들의 영향력은 동등하지 않다는 것을 전제로 하고 있다. 이 이론은 다음의 2단계로 정보가 유통된다고 설명한다.

> 1단계: 매스미디어는 소수의 오피니언 리더에게 정보를 전달한다.
> 2단계: 소수의 오피니언 리더가 다수의 대중에게 정보를 전달한다.

정보가 퍼져나가는 것은 매스미디어 그 자체가 아니라 '영향력 있는 소수의 오피니언 리더'에 의해서 일어난다는 것이다. 다수를 차지하는 대중의 역할은 소수의 인플루언서의 주장을 주변에 퍼뜨리는 역할을 하는 셈이다. 이 이론은 오늘날까지도 마케팅의 정석으로 영향력 있는 유명인을 모델로 내세워 광고하거나 이들이 여러 경로를 통해 입소문을 내도록 유도하는 형태의 전략에 기본이다. 그런데 이 상황은 인터넷이 등장하고 일상화되면서 달라진다.

개인적 영향력 이론(Watts and Dodds, 2007)

컬럼비아대학의 던컨 와츠(Duncan J. Watts) 교수는 2007년 〈인플루엔셜, 네트워크, 그리고 여론형성(Influentials, networks, and public opinion formation)〉이라는 논문으로 정보의 전파 구조가 완전히 달라졌음을 밝혀낸다. 핵심은 기존 전제로서의 '개인 영향력 편차'와 전파력의 핵심인 '오피니언 리더'를 특정할 수 없다는 점이다. 이론의 핵심은 정보의 전파는 단방향이 아니라 양방향 소통이어야 한다는 것으로, 오피니언 리더를 특정할 수 없기 때문에 정보나 메시지 파급은 개인의 관점에서가 아니라 사회연결망 관점에서 해석해야 한다는 것이다. 즉 네트워크에서 빠른 속도로 전염되고 화제가 되는 사안들은 '오피니언 리더'가 아니라 생각지도 못한 '누구나'에 의해서 일어날 수 있다는 점이다. 특정 사안은 예상치 못한 특정 지점에서 갑자기 일어날 수 있다는 것이고, 그것은 네트워크가 사람들의 이야기로 출렁이기 시작하는 패턴을 통해서 파급의 정도를 가늠할 수 있다는 것이다. 이따금씩 '성지'가 되는 소식을 찾아가면 대개의 경우 유명인이나 매스미디어의 소식이 아니라 생각지 못한 아무 누군가가 소개하는 이야기인 경우를 접하게 된다.

모든 것이 연결된 시대, 선택의 세기로 접어들다

연결만으로 전 유럽을 공포에 떨게 했던 필록세라 효과, 형태는 다르지만 우리는 또다시 연결의 시대를 맞이했다. 새로운 관점으로 새로운 시도들이 더 급진적으로, 지속적으로 일어나고 있다. 연결성은 그 연결에 포함되는 개체가 조금만 많아져도 그것이 만들어내는 다양성은 기하급수적으로 커진다. 때문에 작은 사안이 필록세라 효과를 만들어내는 지점 역시 커지게 된다.

반대로 똑같은 이유로 우리는 과거 어느 때보다 선택과잉의 상황을 마주하며 선택장애를 겪고 있고, 동시에 상대로부터 내가 선택되는 것에 더 어려움을 호소할 수밖에 없다. 분명한 것은 우리가 사는 현실에 새로운 형태의 필록세라가 뿌리내렸다는 사실이다. 필록세라는 경제적 변화와 라이프스타일의 변화 교차점에 존재하고, 이전에 없던 시장에 존재하던 요인들이 기존의 것으로 연결되면서 촉발되고 있다.

이제 새로운 변화의 현상 표면에 주목하는 대신 그 현상 아래 뿌리로 내려가 그것을 일으키는 지극히 미세한 핵심 동인이 무엇인지를 관찰해야 한다. 필자는 그 지점을 '유니크굿(Unique Good)'이라고 부른다. 선택을 만들어내고 큰 변화를 이끄는 동인을 유니크굿이라 명명하고 그 과정을 함께 살펴보겠다.

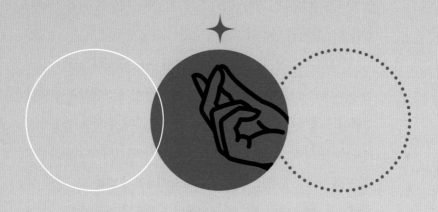

선택의 홍수가 만든 질병,
결정장애

선택의 홍수 속에서 길을 잃은 사람들

주말 오후, 생필품을 사기 위해 대형마트에 들러 진열대의 상품들을 카트에 담는다. 혹시 장을 보며 한 번쯤 궁금해본 적이 없는가? 건물 몇 층을 가득 채울 만큼 수많은 상품들의 종류가 몇 개나 되는지 말이다.

'대략 오천여 개쯤, 많아도 만 개쯤?' 당신은 쉽게 이렇게 생각할지 모르겠다. 하지만 서울의 A급 대형마트 점포에서 팔고 있는 상품은 평균 한 점포당 무려 7만 개에 육박한다. 7만 개? 입이 떡 벌어질 만큼 어마어마한 숫자다.

　따지고 보면 무엇을 사야 하나 선택 앞에 고민하는 결정장애는 물건을 그렇게 많이 가져다놓은 마트 탓이지 우리의 잘못이 아니었는지 모르겠다. 매일 하루에도 수십만 명의 선택을 받는 곳에서 일하며 나는 고객들에게 더 잘 선택받기 위한 전략을 고민했었다. 그래서 소비자들이 받는 선택의 스트레스가 얼마나 큰지 대략 감이 온다.

　가공식품 바이어를 만나서 나눴던 대화가 떠오른다. 그들에게 매장을 걸어다니는 것은 사람들이 일상적으로 생각하는 산책 같았다. 처음 들른 곳은 커피차 진열대였다. 진열대를 둘러보니 그 종류가 어마어마했다.

　"김 바이어님, 커피 종류가 진짜 많네요. 몇 개나 돼요?"
　"커피 종류만 358종이요."
　"300개가 넘는다고요?"

　고작해야 맥심, 카누 정도의 커피를 주로 먹고 있던 나는 그 엄청난 숫자에 입이 다물어지지 않았다. 그중에 원두커피가 150종, 인스턴트커피는 208종이나 되었다. 브랜드명은 물론 용량, 포장, 크기에 가격도 다 제각각이었다. 그날의 매장 산책으로 나는 적잖은 충격에 휩싸였다.

'과연 우리는 208종의 인스턴트커피 중 무엇을 선택해야 할까? 이 많은 선택권 속에서 어떤 선택을 해야 할까?'

그날 이후로 나는 이 운명의 단어 '선택'을 주제로 이 현상을 더 심도 있게 파헤쳐보기로 했다. 물론 대형마트의 바이어라 불리는 MD들도 나의 프로젝트 '초이스'에 합류시켰다. 그들이야말로 이론이나 논문에서가 아닌 실제 소비 현장을 낱낱이 알고 있는 선택 전문가이기 때문이다. 매일매일 실제 선택의 현장에서 수백만 명에게 선택받는 일을 하는 그들과 나, 우리의 초이스 여정은 그렇게 시작되었다.

초이스 멤버들은 평소같이 가벼운 산책 정도가 아닌 작정한 탐방으로 진열대 순회를 함께했다. 처음 타깃은 매일 먹고 마시는 유제품 코너다. 그곳의 상황은 예상보다 대단했다.

치즈 188종, 버터·마가린 35종, 우유 218종, 요구르트 278종, 냉장 음료 223종, 분유 67종, 유아식 267종이 줄 맞춰 진열되어 있는 모습을 보았다. 나는 현기증이 날 것 같았다. 그곳을 빠져나와 주류 코너로 가니 소주가 90종, 민속주 100종, 양주 200종이 있었다. 아직 끝이 아니다. 와인은 무려 600종이나 되었다. 왜 많은 주류 중 유독 와인 매장에만 전문 판매 사원이 있는지 이제 이해가 가는가? 정말 당신은 600종의 와인 중 하나를 고를 자신이 있는가?

그것도 혼자서 말이다.

그 건너편에 자리 잡고 있는 과자 코너는 상상 초월이다. 과자 종류만 633종, 거기에서 스낵은 275종, 비스킷이 310종, 파이가 48종에 이르렀다. 수십 년간 과자를 먹으면서도 이것이 스낵인지 비스킷인지 파이인지 생각해보지 않은 나로서는 적잖이 당황할 수밖에 없었다. 재빨리 그곳을 빠져나와 매장 2층의 생활용품 코너로 자리를 옮겼다. 바디 케어 섹션에 도착하니 바디 로션만 80종, 바디 워시 107종, 비누 33종, 페이셜 케어 104종이 기다렸다는 듯 나를 맞이했다.

다른 코너에 얼마나 더 많은 상품이 있는지는 당신도 잘 알 것이다. 이제 여기서 멈추는 것이 우리의 정신 건강을 위해 좋을 것 같다.

많아진 선택권 앞에 갈등하는 사람들, 결정장애 세대

마트에서 제품을 고르는 것보다 더 어려운 선택이 우리의 일상에 도사리고 있다. 바로 이런 순간들이다.

"우리 점심 뭐 먹을까?", "저녁에 어디 가고 싶은 데 있어?", "이 색으로 살까, 저 색으로 살까?"

"이거 할까 저거 할까?" "할까, 말까?"

나는 이 질문들에 당신이 살면서 가장 많이 들었던 대답을 확신한다. 분명히 당신은 이런 종류의 질문 앞에 이 대답을 가장 많이 들었을 것이다.

"나 결정장애잖아. 너가 대신 선택 좀 해줘."

우리는 주변에서 결정장애를 호소하는 사람들을 아주 쉽게 만날 수 있다. 당장 인터넷 포털 검색창에 '결정장애'라는 단어를 치면 얼마나 많은 사람들이 이 신종 질병을 앓고 있는지 그저 놀라울 따름이다. 그들을 위해 아예 대신 결정해주는 다양한 조언부터 얼굴도 모르는 이들에게 자신이 무엇을 고를지 물어보는 이들이 가득하다.

심지어 데이트 상대나 결혼 상대 역시 조언을 구한다. 어떤 사람을 만나야 할까요? 이 사람 더 사귀어야 할까요, 말아야 할까요? 우리는 가장 주관적인 영역의 고민에 대해 다수로부터 답을 얻고자 하는 놀라운 현상을 종종 목격한다. 이 지점을 통과한 사람들도 마찬가지다.

'결혼' 하나만 놓고 보더라도 수많은 선택 속에 사람들은 결정하지 못한다. 신혼살림 용품들을 어디에서 살지, 더 나아가 신혼살림을 어느 동네에서 시작하면 좋을지, 아파트가 좋을지 빌라가 나을지, 드레스의 종류, 웨딩 촬영 스튜디오의 선택, 메이크업의 스타일까지 결정을 못 하겠다는 이들이 넘쳐난다. 그래도 이건 약과다. 심지어 결혼 상대와 이대로 결혼을 해야 할지 지금이라도 그만둬야 할지 묻고 또 선택을 요청한다. 얼굴도 모르는 이들에게 말이다. 구글에 '결혼, 할까요 말까요?'라는 질문이 무려 629,000개에 이른다.

- 결혼해야 할까요?
- 이 남자랑 결혼해야 할까요?
- 이 여자랑 결혼해도 될까요?
- 꼭 결혼을 해야 하나요?
- 언제쯤 결혼을 해야 할까요?
- 누구랑 결혼해야 할까요?

그리고 결정장애는 일상으로 이어진다.

- 침대 결정장애 왔어요. 도와주세요. 마네로 결정했다가 원목 핫딜 보고 장애 왔어요. 도와주세요. ㅠㅠ
- 돌 답례품 결정장애, 도와주세요. 스푼 포크는 아기자기 예쁜데 이건 애들 있는 집만 쓸 것 같고 롱 스푼은 어른들 쓰기에도 좋을 것 같고. 포장은 둘 다 똑같은데 골라주세요.
- 저는 노래가 좋아요. 하지만 직업으로 비전은 어두운 것 같아요. 현실적으로는 작곡가나 음악 관련 업종이 있겠지만 제가 그런 거에는 관심이 없어요. 어떡할까요? ㅠㅠ
- 신차 구입 결정장애입니다.
- 임산부 비타민 구입 결정장애예요.
- 저는 메뉴 결정장애가 있어요.
- 맥북 vs 삼성 컴퓨터 뭐가 좋을까요? 헤드폰 결정장애, 핸드폰 케이스 결정장애, 유모차 결정장애, 점심 메뉴 결정장애….
- 입사 1년차입니다. 퇴사, 할까요 말까요?
- 이직, 해야 할까요, 말아야 할까요?
- 생계를 위해 일을 해야 하나요, 꿈을 찾아 새로운 시작을 해야 할까요?

역시나 우리의 정신 건강을 위해 여기까지만 해야겠다.

이런 사람들의 결정장애로 육아용품 결정장애를 해결해준다는 책과 매거진은 물론 여행지 선택 결정장애를 위한 장소 추천 가이드, '오늘 뭐 먹지?'라는 고민을 해결해주는 메뉴 선택 앱까지 등장하기에 이르렀다. 심지어 룰렛이나 다트를 던져 하나를 골라주는 앱도 있다.

하지만 이런 고민을 하는 이유를 생각해보지 않는 이상 이런 제안들도 또다시 선택의 장애를 만들어낼 뿐이다. 이제 우리는 정말 이 현상을 제대로 들여다보고 우리가 직면한 선택의 문제를 이해하고 풀어낼 수 있는 방법이 필요하다. 그것이 당신이 이 책을 선택한 이유 중 하나일 것이다.

도대체 왜 이런 일이 벌어진 것일까? 먼저 우리는 언제부터 선택하지 못함을 장애라고 표현할 정도로 선택 앞에 극심한 망설임을 겪는 질병에 걸린 것일까?

수많은 선택권 앞에 즉 사람들은 모든 것이 가능하기에 오히려 엄청난 갈등과 마주하고 있다. 그래서 우리는 이런 현상이 왜 일어나는지 알아보아야 한다.

이 선택과잉의 시대에서 우리는 어떤 선택을 내려야 하는 것인가? 나아가 나와 내 일의 선택률을 높이기 위해 무엇을 해야 하는가? 시장과 사람들의 선택을 부르는 새로운 기준은 무엇인가?

사실 그럼에도 우리는 매일 선택을 하고 있다. 무의식적으로 하는 선택의 비밀은 이해하지 못한 채 말이다.

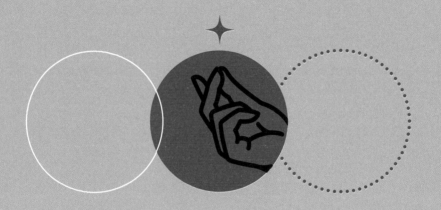

연결의 시대가 부른
선택의 시대

정보의 시대에서 연결의 시대로

1982년 미래학자 버크민스터 풀러(Buckminster Fuller)는 흥미로운 개념을 세상에 내놓았다. 인류의 지식 총량이 늘어나는 속도를 설명한 '지식 두 배 증가 곡선(Knowledge Doubling Curve)'이 그것이다. 이것은 인류의 지식이 증가하는 양적 비율을 속도로 일컫는 용어다. 그에 따르면 인간의 지식 총량은 인류 역사에서 100년마다 두 배씩 증가해왔다. 그러던 것이 2차 세계대전 이후부터 그 기간이 단축되어 25년마다 두 배로 증가하는 현상을 보였다. 현재는 그 주기가 12~18개월로 더 단축되었으며, 2030년에는 지식 총량이 3일마다 두 배씩 늘어나게 된다. 또한 전문가들은 머지않은 시점에 그 기간이 무려 하루로, 그리고 더 나아가 12시간으로 단축될 것이라는 예측을 내놓고 있다.

이는 '와, 정보가 정말 빨리 늘어나는구나!'를 말하고자 함이 아니다. 인류의 지식 총량의 엄청난 팽창은 무엇을 의미하는 것일까? 드러나지 않던 것들이 검색되고 발견될 수 있다는 것은 그 안에 숨겨진 엄청난 다양성들이 서로 연결된다는 의미를 가진다. 즉 정보의 양은 연결의 양을 기하급수적으로 팽창시킬 것이고, 제품, 서비스, 유통 등 많은 분야 역시 마찬가지의 혁신을 수반하게 될 것이다. 이는 사람들의 행동과 시도에 큰 영향을 끼치게 될 환경요인이 된다.

또한 수많은 지식과 그것들의 연결로 인해 기하급수적으로 늘어나는 경우의 수는 기술의 놀라운 발전과 맞물려 가속화되고 있다. 이제 더 이상 우주는 저 멀리 존재하는 영화에서나 볼 수 있는 미지의 공간이 아니며 빅데이터 기술과 인공지능의 발전으로 사회, 경제, 정치, 기술, 노동 등 인류는 모든 영역에서 역사상 전례 없는 변화를 맞게 될 것이다.

4차 산업혁명으로 기계의 등장, 자동화로 생산성을 높였던 과거 산업혁명과는 차원이 다른 세상을 우리는 이미 만나고 있다. 인공지능, 로봇, 사물 인터넷, 자율주행 자동차, 3D프린팅 기술이 어느새 우리 삶에 빠른 속도로 파고들고 있다.

선택과잉의 딜레마

이 책이 주목하고자 하는 것은 과학이나 기술이 아니다. 이러한 변화를 맞이하는 '개인'이다. 이러한 지식의 빅뱅은 개인에게 정보과잉은 물론 '선택과잉'을 일으키기 때문이다. 한 마디로 무언가를 선택하고자 하더라도 선택해야 할 대상이 너무나도 많은 상황을 직면하게 된다. 그래서 역설적이게도 우리는 선택의 홍수 속에서 아예 '선택하지 않음'을 선택하기에 이르렀다. 즉 우리 주변에 선택의 대상이 많아지게 되면 그저 많아지는 것 이상으로 우리는 선택에 혼란을 느낄 수밖에 없게 된다. 다시 말해 우리에게 연결이 많아질수록 우리가 선택해야 하는 것의 종류 역시 커진다는 것을 의미한다.

망설임, 후회, 죄책감, 부적절하다는 느낌. '내가 한 선택이 잘못되었으면 어떡하지?' 내가 한 선택이 실패한 듯한 느낌 속에서 당혹감을 감출 수 없는 것이다. 개인이 감당하기에는 너무나 많은 선택들이 매일같이 쏟아지는 선택과잉의 시대에서 만약 당신이 새로운 선택의 기준을 갖고 있다면 어떻겠는가? 사람이라면 누구나 가장 좋은 선택을 원하기 마련이다. 그래서 그 좋은 선택이 무엇인지 궁금하다. 그러기 위해서 우리는 좋은 선택을 할 수 있는 역량을 키워야만 한다. 지금 이 선택과잉의 시대에 필요한 역량은 바로 유니크굿한 것을 만들어낼 수 있느냐, 즉 유니크굿한 지점을 가지고 있느냐다.

사람들은 말한다. 뉴미디어와 플랫폼의 시대, 인공지능의 시대 또 4차 산업혁명의 시대라고 말이다. 하지만 이런 시대의 변화 속 개인이 가장 주목해야 할 점은 바야흐로 '선택의 시대(The year of Choice)'가 도래했다는 점이다. 무언가가 많아질수록 그것이 만들어내는 경우의 수 역시 폭발적으로 늘어나며 이는 반대로 엄청난 선택의 어려움을 일으키게 되었다. 그래서 시간이 흐를수록 바른 선택을 할 수 있는 새로운 안목과 선택의 명확한 기준이 절실한 시대에 살게 되었다.

이 책은 개인에게 그 어느 때보다 '새로운 선택의 기준'이 필요하다는 절박함에서 시작되었고, 그 바른 방향을 제시할 것이다. 또한 실험실과 같은 통제 조건에서 실시한 이론보다는 현실 세계에서 검증하고 시도되고 있는 지금 우리 일상의 선택을 들여다볼 것이다. 그리고 당신이 선택의 어려움에 직면했을 때 선택할 수 있는 현명한 도구와 대안을 제시할 것이다. 지금부터는 하나씩, 우리가 현실의 선택을 마주했을 때 선택의 과정에 이르는 심리적인 요인들을 살펴볼 것이다. 어떤 대상을 고를 때 어떤 방향으로 의식이 흘러가는지, 그리고 우리의 기대와 달리 실제적으로 선택하는 것들은 어떤 요인에 의해서 일어나는 것인지 자세히 살펴보자.

선택이 일어나는 비밀의 지점

당신은 지금 결혼 상대를 고민하고 있다. 언제나 그렇듯 마지막에는 꼭 둘 중 하나를 선택해야만 한다. 이제 누구를 미래의 배우자로 선택할지 결정해보자. 조건은 다음과 같다. 신중히 고를 것을 권한다.

남자의 경우

[선택1]	[선택2]
예쁘다	참하다
착하다	수수하다
똑똑하다	지적이다
보살펴줘야 한다	스스로 척척 잘한다

여자의 경우

[선택1]	[선택2]
잘생겼다	훈남이다
착하다	자상하다
경제력이 좋다	생활력이 강하다
아저씨	오빠

당신이라면 누구를 배우자로 선택하겠는가? 선택 1, 선택 2 중 마음의 결정을 내렸다면 혼자 조용히 그 번호를 머릿속에 떠올려 보자. 그럼 당신이 한 선택을 살펴보자. 당신이 여자를 골랐던 남자를 골랐던 그 선택은 각 조건들 중 네 번째 항목에서 일어났을 것이다. 즉 남자라면 [보살펴줘야 한다 vs 스스로 척척 잘한다]의 지점에서 선택했을 것이고 여자였다면 [아저씨 vs 오빠]에서 선택했을 것이다. 사실 여기에서 중요한 것은 남자와 여자의 조건 중에서 무엇을 선택했는지가 아니다. 당신이 그 선택 지점에 도달하기까지의 과정을 직접 느끼게 해주는 것이다. 이것을 '선택의 여정(Choice Journey)'이라고 한다.

선택의 결정에 앞서 신중하게 고르라는 말을 남겼지만 당신의 결정은 매우 쉽고 빨랐을 것이다. 그것은 바로 당신의 머릿속에서 벌어진 선택을 위한 생각의 프로세스 때문이다. 그 선택의 여정은 다음의 세 가지다.

① 먼저 선택 1과 2에 '동일하거나 유사한 조건'을 탐색하고 그
것들을 탈락시켜버린다.

② 그런 다음 남은 것들 가운데 '고유하게 구별되는 정보'를
비교한다.

③ 고유하게 구별되는 정보 중 나쁜 것은 거절해버리고 남은
좋은 것을 '선택'한다.

방금 전 배우자를 선택하던 상황으로 다시 돌아가보자. 여성
을 선택하는 입장에서 먼저 보자. 순간적으로 눈에 들어오는 조건
들 중에서 '예쁘다와 착하다', '착하다와 수수하다', '똑똑하다와 지
적이다'의 조건은 사뭇 비슷한 느낌이다. 그러면 당신은 자동적으
로 이 조건들을 무시하고 다음의 항목을 들여다본다. 그러다가 '보
살펴줘야 한다와 스스로 척척 잘한다'의 조건에서 멈춰 섰을 것이
다. 왜냐하면 이 요인은 비슷한 것이 아니라 정반대의 지점으로 상
대를 구별하는 요인이기 때문이다. 바로 이 지점에서 당신의 선택
이 일어난다. 그리고 내가 싫어하는 것을 먼저 제거시킨다. 즉 마
음에서 거절이 일어나는 것을 먼저 선택하고 제거한다. 당신이 의
존하고 의지하는 상대를 싫어한다면 '보살펴줘야 한다'는 조건은

제거 대상이다. 그리고 남은 요인 중에 '스스로 척척 잘한다'의 여성을 선택하는 것이다.

남성에 대한 선택 과정도 마찬가지다. '잘생겼다와 훈남이다'는 비슷한 속성이다. '착하다와 자상하다'도, '경제력이 좋다와 생활력이 강하다'도 비슷하다. 그러니 이 세 가지 요인은 자동으로 당신의 뇌리 속에서 자동으로 무시된다. 그리고 남은 '아저씨와 오빠'가 경합한다. '아저씨라니 말도 안 돼!'라고 생각한다면 아저씨 조건은 바로 제거 대상이 될 것이다. 그리고 남은 안을 선택하며 '역시 오빠가 좋지!' 하는 자신을 발견할 것이다.

즉 이를 정리하면 당신은 우선 '착하다, 예쁘다, 잘생겼다, 경제력이 좋다' 같은 동일한 특성들을 우선 탈락시켰을 것이다. 왜냐하면 그것들은 동일한 특성으로 더 이상 비교 가치가 없기 때문이다. 그 다음으로 '보살펴줘야 한다 vs 스스로 척척 잘한다' 조건과, '아저씨 vs 오빠'라는 서로 다른 조건을 비교하며 싫어하는 것을 먼저 제거하고 남은 좋은 것을 선택하는 것이다.

이것은 미국의 저명 경제학자이자 속성비교이론(Feature-matching model of choice)의 대가 라비 다르(Ravi Dhar) 교수와 스티븐 J. 셔먼(Steven J Sherman) 교수의 '선택이 일어나는 지점'을 부르는 용어 유니크굿을 이해하기 쉽도록 설명한 것이다. 이들의 연구에 따르면 인간은 선택의 대안들 중 그 둘이 함께 가지고 있는 공통속성

(Common Feature)을 가장 먼저 탐색하고 그 정보를 탈락(Cancle)시켜 버린다. 왜냐하면 그것은 말 그대로 비교 판단할 차이가 적은 흔한(Common) 것이기 때문이다. 그리고 각 대안들만의 특성을 비교해 그것들 중 독특한 장점인 유니크굿 속성(Unique Good Feature)과 상대적 단점 유니크배드 속성(Unique Bad Feature)을 구분한다. 이 연구에서 가장 주목해 봐야 할 것은 바로 선택은 언제나 유니크굿에서만 일어난다는 점이다. 꼭 기억해두자. 선택은 언제나 '유니크굿 포인트'에서 일어난다는 것을 말이다.

왜 사람은 유니크굿 지점에 끌리는 걸까? 기술이 아무리 발전하고 세상이 아무리 바뀌어도 인간의 생존에 축적된 100만 년 동안의 유전 특성과 문화적 습관은 쉽게 바뀌지 않는다. 실제로 인간의 두뇌는 과거와 별반 달라진 것이 없다. 수천 년 전의 인류에 비해 지금의 인류가 인지나 선택의 측면에서 과연 얼마나 달라진 걸까? 당장 비교해봐도 2천 년 전의 소크라테스나 아리스토텔레스에 비해 우리가 더 지적으로 똑똑해졌다거나 유전적으로 우월하다고 과연 주장할 수 있을까? 반면 인류는 역사 전체를 통틀어 가장 진보된 기술과 변화의 흐름을 만들어내어 과거 인류가 생산해내던 정보량을 단 몇 초 만에 넘어서버릴 만큼 전례 없는 혁명의 시기를 겪고 있다. 같은데 무언가가 다르다. 다른 것으로부터 기인하는 것이다. 그것은 무엇일까?

브랜드 전략과 인지심리학의 권위자인 신병철 박사는 우리 인간이 무시하지 못하는 7가지 정보에 대한 자동적인 반응을 제시한다.

① 새로움(Novelty)

② 차이(Different)

③ 아이컨택트(Eye Contact)

④ 움직임(Movement)

⑤ 쾌락, 보상(Hedonic)

⑥ 손실 지각(Loss Sensitivity)

⑦ 경쟁 발생(Competition)

인간은 위 7가지에 대해서는 무조건적인 반응을 한다. 숲에서 부스럭거리는 소리 하나만 나도 이내 그것이 포식자의 것인지, 바람에 의한 것인지를 알아차려야 한다. 지금 상태와 다른 자극이 들어왔을 때 그 즉시 반응하지 않으면 살아남기가 어렵기 때문이다. 반면 매 초 매 초 불어오는 바람과 같은 자극에 계속해서 반응해야 한다면 실시간으로 유입되는 다양한 자극에는 오히려 대처하기가 어려워지기 때문에 새로운 것은 이내 익숙함의 영역으로 패턴화하고, 이전의 자극이나 경험과 다른 부분만을 빠르게 인식하는 쪽으로 발달되어 있다. 즉 자극을 유형화하고 그 유형들과 다른 자극을 빠르게 인식하는 형태를 취한다. 동시에 잡아먹히거나 잡아먹거나, 받아들여지거나 위협받거나의 핵심은 그것이 생명체로서의 대상인지를 판단하는 데 있기에 생명체의 눈동자를 찾아내는 데 특화되어 있다. 간단한 테스트로 엇갈리는 직선을 그렸을 때는 교차된 선이구나 생각되지만 그 위에 점만 두 개를 찍어도 그것이 곧 사람처럼 인지될 정도다.

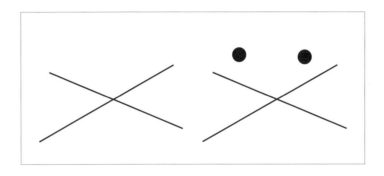

마찬가지로 움직임이 있는 것에 눈길이 간다. 그것은 생존의 거리라는 관점으로 거리의 변화가 자신의 생존과 번영에 절대적인 영향을 미칠 수 있는 지점이기 때문이다. 반면 앞의 사항들을 자극에 대한 나의 반응이라고 본다면 이후의 요인들은 내가 선택함으로써 얻는 기회와 위기에 반응하도록 만들어져 있다. 나의 선택이 생존을 보장하는데 얼마나 도움이 될 것인가, 생존을 넘어 만

족감과 포만감이라는 추가적인 리워드까지 가질 수 있을 것인가. 같은 맥락으로 그 선택이 위협이 되지는 않을 것인가도 의식한다. 마지막으로 상대로부터 빼앗아야 하는 것인지 협동을 해야 하는 것인지에 대해서도 반응한다.

정리하면 외부의 자극으로부터 내가 어떻게 대응할 것인가, 나의 선택이 어떤 만족감이나 손실을 줄 것인가에 대해서 즉각적으로 반응하게 만들어져 있다. 즉 우리 뇌는 상당히 생존 지향적인 요소에 대해 순간적인 판단이 가능하도록 발달되어 있다.

얼핏 보면 '당연한 거 아니야?'라고 생각할 것이다. 그런 거야 우리가 태어나는 순간부터 가지고 있는 기제이기 때문이다. 그러나 이 특성을 생존을 위해 내리는 순간적인 반응의 지점이 아니라 '만족'을 충족하기 위해 내리는 '선택'의 지점으로 가져와보면 선택 과잉 시대의 새로운 선택 전략으로 모색할 수 있는 지혜를 준다. 앞서 말한 것처럼, 같은데 다른 것을 찾으며 동시에 다른 것 같지만 같은 근원에서 비롯되는 특성은 동일해 보이나 전혀 다른 맥락의 가치를 가져다주기 때문이다.

사소한 것이 차이를 만든다. 하지만 그 차이는 사소하지 않다. 반면에 다른 것이 차이를 만든다. 하지만 그 차이는 다른 것에서 비롯되는 것이 아니다. 필요불충분 표현을 만들어 말장난을 치는 것처럼 보일 수 있겠으나 뭔가 의미가 있음이 감지될 것이다. 즉 우리가 당연하다고 생각하는 방향을 역으로 접근하면 이전에는 보지 못했던 비밀을 만날 수 있다. 인간이 당연히 갖고 있는 특성이지만 이를 생존의 관점에서 보느냐, 아니면 반대로 삶의 가치로 선택이라는 또 다른 측면으로 보느냐에 따라서 '전략의 관점'으로 변모할 수 있기 때문이다.

이렇게 선택은 인간이 무시하지 못하는 7가지 정보에서 일어난다. 핵심은 다른 것을 인지하고 차이를 주목하며 그것이 쾌락인지 손실인지를 빠르게 인지하는 지점이다. 선택은 유니크굿한 지점에서만 일어난다. 그런데 정작 우리는 얼마나 많은 순간 공통된 속성을 갖기 위해 노력하고 있는가. 내가 드러나기를 바라면서 무리생활을 하는 물고기나 동물처럼 내가 희생양이 되지 않기를 바라는 마음으로 튀지 않으려고 애를 쓰고 있지 않은가. 즉 상대에게 내가 쾌락과 보상이 될 수 있음을 보여주기 위해 인간의 이런 특성을 이용하는 대신 상대가 의식하지 못하도록 하기 위한 작전에 최선을 다하는 모순을 일으키고 있지는 않은가.

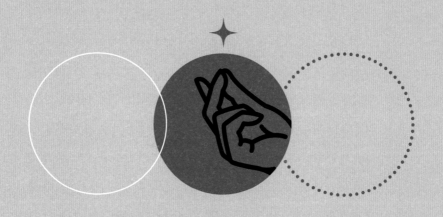

똑같아지기 위해
노력하는 세상

면접 인터뷰: 똑같아지기 위해 노력하는 대회

채용 면접이야말로 가장 치열한 선택의 순간이라고 해도 과언이 아닐 것이다. 엄청난 경쟁률을 뚫고 신입사원으로 뽑히고자 하는 수많은 취업준비생들과 심층 면접, 토론 면접, 프레젠테이션 면접, 영어 면접에 인성검사, 직무적성검사까지 수많은 단계를 두어 최고의 인재를 뽑고자 하는 인사담당자들. 양쪽 다 절대 물러설 수 없는 최종 선택을 위한 첨예한 선택의 현장이니 말이다.

선택을 업으로 하다 보니 참으로 많은 이들의 면접에 직간접적으로 참여하게 된다. 특히 신입사원 채용을 위한 대규모 인원의 면접 현장을 보면 놀라움을 금할 수 없다. 모두 똑똑한 사람들임에도 불구하고 선택의 지점 앞에서 정작 그것의 반대편에 서려고 얼마나 노력하는가를 발견하기 때문이다.

여성 지원자의 경우 일단 의상이 거의 비슷하다. 검정색 정장 치마에 흰색 블라우스. 같은 헤어숍에 다녀온 걸까? 헤어스타일 또한 놀랍게 비슷하다. 더 당황스러운 것은 자리에 앉을 때다. 다리를 한쪽으로 모으는데 신기하게도 다들 같은 방향으로 모은다. 무의식적으로 자신이 다른 지원자들과 다른 방향으로 다리를 모으고 있다는 것을 눈치챘는지 고쳐서 같은 방향으로 맞춘다.

이들의 외모는 한 사람 한 사람 자세히 들여다보면 청춘의 아름다움과 싱그러움이 넘치겠지만 얼핏 보면 놀라울 정도로 닮아 있다. 수많은 지원자의 면접을 진행하다 보면 가끔은 머릿속으로 '나는 다리를 다른 방향으로 하는 사람을 선택할 거야'라는 생각이 떠오르는 스스로를 보고 '내가 미쳤나?'라는 생각이 들 때도 있다.

사람은 불과 1초도 안 되는 시간에 상대의 느낌을 파악한다고는 하지만 생각 외로 지원자들은 너무나도 비슷한 모습으로 등장한다. 이런 상태에서 다음 지원자들이 계속 들어오는데 만약 한 사람은 너무나 자연스럽게 환한 인상으로 웃고 있고, 한 사람은 긴장한 나머지 눈물을 막 흘리고 있다면 어떨까? 당신에게는 이 두 사람이 순식간에 눈에 들어올 것이다. 하지만 눈물은 공적 상황에서 대개의 경우 유니크배드 속성이다. 그러니 구분되는 데에는 성공했겠지만 선택되는 지점에서는 약점일 수밖에 없다.

면접관들은 입을 모아 같은 이야기를 한다. 모두 너무 똑같아서 누가 누구인지 구분할 수 없다고 말이다. 분명히 하루 종일 수많은 지원자들의 프레젠테이션을 들었지만 누가 누구였는지 그 발표를 누가 했는지 면접이 끝날 무렵에는 도무지 기억나지 않는다. 지원자들은 자신이 다른 지원자와 차별화되어 선택되고 싶어 이 자리에 왔음에도 불구하고 모두가 약속이나 한 듯 '같아지기 위한 노력' 즉 공통속성을 만들기 위해 애쓰는 이상한 상황이 연출된다. 그들은 취업 관련 대표 사이트와 관련 책을 보며 면접의 모범답안을 연구하고, 같은 색깔의 옷을 입고, 같은 스타일의 메이크업과 헤어스타일을 만들고, 심지어 모두가 비슷비슷한 이야기들을 하기 시작한다.

같은 스펙에 같은 대답을 하는 사람들. 초이스 모델에 의해 공통의 속성들은 '취소(Cancel)'된다. 즉 비슷비슷한 컬러에 같은 이야기를 하는 지원자들은 회사로부터 선택되지 않는다. 하지만 취업준비생들은 어떠한가? 같은 스펙을 만들기 위해 열심히 노력한다. 공통속성을 위해 한정된 자원인 시간의 많은 부분을 소비하고 있다. 이처럼 우리는 유니크굿이 아닌 공통속성을 높이기 위해 애쓰는 상황을 심심치 않게 본다. 경쟁력을 높이는 것이 아닌 경쟁률만 높이는 상황이 우리 현실에서 흔하게 벌어지는 것이다.

비슷해지는 것의 장점

혁신은 모방을 부른다. 무엇인가 유니크굿한 것이 등장하면 사람들의 뇌리에는 그것들이 선택되기 때문에 인근 지점에 있는 그렇지 못한 사람이나 기업은 자동으로 잊혀지는 운명에 처하기 십상이다. 그래서 선택받기 위해 유니크굿한 것들을 차용함으로써 사람들의 선택을 부르고자 노력한다. 이것은 자연의 본능이기도 하다. 흔히 TV에도 소개되는 유명한 맛집에 가보면 주변에는 항상 그 가게의 분점인가 싶을 정도로 유사한 상호와 느낌의 가게들이 즐비한 것을 목격한다. 가게마다 '원조'를 써놓은 곳들로 가득해서 이곳은 원조가 상표인가 싶을 정도다.

분명히 유니크굿한 대상으로 몰려드는 사람들의 수요를 충분히 공급하지 못해 그 잉여를 주변이 흡수하는 효과가 크다는 면에서 이 전략은 유용하다. 심지어 다음 장에서도 자세히 다루겠지만, 이 지역을 '특정 카테고리'로 묶어 연합하는 방식을 취함으로써 사람들의 선택률을 끌어올리는 전략을 취하기도 한다.

생존의 측면에서 비슷해지는 것은 꽤나 전략적이다. 이것을 작은 실험으로 증명해보겠다. 만약 당신이 여러 사람들과 함께 있다면 함께 박수를 쳐 보자고 제안해보라. 하나 둘 셋 구호를 맞추지 말고 그냥 무작정 박수를 치라고 해보라. 이때 박수의 패턴을 들여다보면 신기한 현상을 목격한다. 박수를 시작하면 초기에는 저마다 다른 시점에 손바닥이 마주치면서 소리가 난다. 즉 박수의 최초 시점과 다음 박수까지의 타이밍은 사람마다 다른 것이 정상일 것이다. 그런데 누군가가 박자를 지시하고 있지 않음에도 그 박수들은 불과 두 번, 세 번 만에 정확히 타이밍이 순식간에 일치한다. 다 같은 타이밍에 소리가 짝짝짝 하고 날 것이다.

이는 동기화 현상으로 자연의 모든 생명체가 가진 고유 속성이다. 새들이 함께 떼를 지어 이리저리 움직이는 모습, 동물들이 움직이는 행렬의 패턴, 사람들의 박수 등 집단의 힘을 형성할 때 생명체는 본능적으로 인근의 행동을 모방하는 습성이 있다. 그래야 돌출돼 천적으로부터 공격당할 확률을 줄일 수 있음은 물론 그들이 형성하는 집단을 과시함으로써 힘을 보여줄 수 있는 것이다. 사실 비슷해지고자 하는 노력은 생존을 위한 '회피 반응'이라 할 수 있다.

비슷해지는 것의 위험

반면 이것은 선택을 받는 지점에서는 약점으로 작동한다. 짝 짓기를 하는 생명체들이 그들의 상대로부터 선택받기 위해서 만약 '비슷해지는' 전략을 취한다면 그는 반드시 어려움에 처할 것이다. 회피 반응을 취하면서 상대의 선택을 부르는 것은 어불성설이기 때문이다. 선택받기 위해서는 가장 주목받는 유니크굿한 상대보다 더 드러나기 위한 노력을 해야 한다. 하지만 이렇게 함으로써 생기는 아이러니는 이런 노력이 오히려 유니크굿한 것을 더욱 빛내는 역효과를 만든다는 것이다. 상대로부터 선택받기 위해서는 유니크 굿한 지점을 공략해야 하지만 우리는 비교우위 전략을 취하기 위해서 노력하는 우를 범한다. '자신이 다른 사람에 비해 어떤 장점을 가졌다고 생각하나요?'와 같은 질문에 '어떤 지점에서 좀 더 노력했다', '어떤 지점에서 더 많은 경험을 가지고 있다'는 앞서 배우자를 선택할 때의 유사 속성이 무시되는 것과 마찬가지 경우가 된다. 비단 개인의 선택이든 가게나 기업의 선택이든 마찬가지다.

내가 선택하는 과정을 한 번 찬찬히 살펴보자. 어떤 물건을 사는 상황이라고 가정한다면 그 선택의 이유는 대체로 이 안에 모두 포함될 것이다. 싸서, 예뻐서, 실용적으로 보여서, 원래 쓰던 거라서, 손에 처음 집히는 것이라서, 신상품이라서, 신기술이 담긴 혁신 상품이라서, 브랜드가 마음에 들어서, 친구들에게 자랑하고 싶어서, 왠지 끌려서, 무엇에 홀린 듯 지름신이 내려와서….

잘 생각해보자. 위에 나열된 모든 이유는 모두가 그만의 유니크굿 특성이다. '원래 쓰던 것, 고르기 편해서'라는 이유도 자세히 들여다보면 당신이 선택한 카테고리의 대표성을 갖고 있는 것들이다. 그것이 세계 최고거나 가장 유명 브랜드거나가 아니다. 당신만이 주목하는 선택의 범주에 유니크굿하게 대표성을 갖는 것들일 것이다. 유니크굿함은 다른 것에 비해 고민의 수고를 덜어준다는 그만의 독특한 좋은 점, 즉 유니크굿 속성을 가지고 있다. '왠지 끌려서, 무엇에 홀린 듯' 역시 내게 복잡한 선택의 과정 없이 선택할 수 있다는 강력한 마음의 작동이 일어난다는 점에서 파워풀한 장점에 해당한다.

물론 당신의 생각 속에서는 여전히 '유니크굿한 것이 선택을 부르는 것은 알겠어. 그런데 나는 그렇게 거창한 것도 특별한 것도 가지고 있지 않은데 어떻게 유니크굿한 것을 가질 수 있는 거지?'라는 의문이 들지도 모르겠다. 굿뉴스부터 말한다면 유니크굿은 전체적인 규모에서의 구별성이 아니라는 것이다. 그것이 아무리 사소한 것이고, 아무리 유치한 것일지라도 당신만이 가진 구별성이 있다면 그것 역시 유니크굿함이 될 수 있다. 다시 한 번 강조한다. '선택'은 오직 '유니크굿' 지점에서 일어난다.

오직 선택이
일어나는 지점,
유니크굿

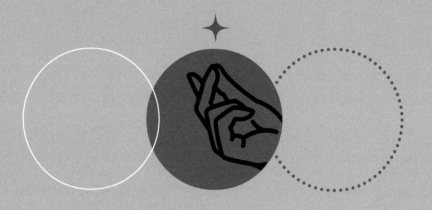

유니크굿을 만드는
세 가지 속성

앞서 라비 다르 교수와 스티븐 J. 셔먼 교수의 속성비교이론을 통해 비슷한 것들은 선택되지 않고 구별되는 것 가운데 좋은 것을 선택한다는 사실을 이해했다. 여기에서 한 단계 더 들어가보자. 구별되고 좋은 것이란 무엇인가? 그 비밀은 워싱턴대학의 인사조직 분야 석학 차드 히긴스(Chad Higgins) 교수팀의 연구에서 찾을 수 있다. 연구팀은 흥미로운 주제의 연구를 단행했다.

"인사담당자는 도대체 어떤 사람을 뽑을까?"

모든 선택의 핵심에는 기업이 존재하고 그 기업의 성장은 구성원들을 채용하는 단계부터 시작되기 때문에 접근한 질문이었다. 연구팀은 먼저 여러 경영자들에게 이 질문을 했다. 어떤 대답이 돌아왔을까? 크게 두 가지였다. 첫째, 현재 역량이 뛰어난 사람을 뽑는다. 둘째, 미래 발전 가능성이 높고 회사의 비전과 일치해 회사에 도움이 될 사람을 뽑는다.

그런데 이 대답은 실제 채용을 진행하는 인사담당자들 역시 비슷한 반응이었다. 전적으로 수긍되는 답변이다. 나라도 그렇게 대답할 것 같다. 하지만 채용 현장에서 실제 그런 사람들이 뽑혔을까? 이 질문을 한 번 더 생각해보면 그리 쉬운 문제가 아님을 알게 될 것이다.

"아니 그런 사람을 뽑는 것이 가능하기는 한 겁니까?"

분명히 경영자와 인사담당자는 그런 사람을 뽑고 싶었겠지만 사실 짧은 시간에 위 두 가지 조건에 충족하는 사람을 객관적으로 뽑는 것은 거의 불가능에 가깝다. 게다가 면접 날은 모두가 그 회사 입사를 위해 태어난 것처럼 말하고 행동하지 않는가? 진짜 내가 아니라 내가 되고 싶은 나를 완벽히 보여주는 날이기에 더욱 어렵다.

서류 면접과 구성원들과의 개별 심층 면접, 임원 면접 등 10회

이상, 한 달 가까운 시간 동안 실시하는 일부 외국계 기업의 경우라면 가능할지도 모르겠다. 하지만 실제로 그렇게 할 수 있는 기업은 많지 않다. 국내 공기업과 대기업의 상황을 생각해보면 녹록치가 않다. 경쟁률이 작게는 수십대 일에서 수백대 일이 넘는데 고작 몇 명의 면접관이 이들을 제대로 판단하는 게 가능할까? 반대로 지원자가 상대적으로 적은 중소기업의 경우에도 마찬가지다. 지원자를 알아가는 시간을 충분히 확보할 수 있을까?

연구팀은 이 지점에 주목했다. 그들의 기대와 달리 지원자와 면접관 모두 상대적으로 짧은 시간에 서로를 판단해야 하는 상황에서, 과연 상대의 역량과 미래 가치를 객관적으로 판단해낼 수 있는 걸까? 이들은 기업의 동의를 얻어 면접장에 직접 카메라를 설치하고 심층 인터뷰를 통해 면밀한 분석을 실시했다.

결론은 어땠을까? 만약 그들의 기대대로 일련의 질문만으로 원하는 인재를 선발할 수 있었다면 이 연구는 빛을 발하지 못했을 것이다. 과연 인사담당자들은 그들이 대답한 대로 현재 역량이 뛰어나고 미래 발전 가능성이 높아 회사에 공헌할 사람들을 뽑았을까? 하지만 실제 채용되는 조건은 그들의 대답과는 완전히 다른 것이었다. 연구팀이 밝혀낸 바에 따르면 인사담당자는 다음 세 가지 조건에서 채용하는 것으로 결론을 지었다.

① 뜻하지 않게 아주 환하게 웃는 사람

② 면접관의 관심이나 취미 등 공통사항이 있는 사람

③ 관련 분야가 아니더라도 어느 한 부분에서 1등을 해본 사람

왜 이런 결과가 나타났을까? 선택은 항상 유니크굿에서 일어나기 때문이다. 환하게 웃는 것은 분명 엄청난 유니크굿 포인트다. 긴장감이 팽배한 면접장에서 어색하지 않은 환한 모습은 아무나 할 수 없는 귀한 행동이기 때문이다.

또한 면접관은 객관적으로 정보를 처리하는 컴퓨터나 로봇이 아닌 사람이다. 자신과 공통점이 있다는 것은 즉각적인 호감 상승으로 이어진다. 역시나 이런 상호성은 매우 유니크굿한 것으로 분석되었다.

세 번째, 어느 한 분야의 1등이란 것은 어떤가? 꼭 우리 회사나 직무와 관련이 없더라도, 심지어 그것이 사소한 것일지라도 한 영역의 1등은 탁월함의 대상이다. 즉 한 분야에서 탁월하다고 느끼면 다른 분야에서도 탁월하다고 느끼는 것이다.

여러분의 이해를 위해 개인적인 경험을 소환하고자 한다. 면접관의 관심과 취미에 관련해서 재미있는 일화가 있다.

백 명이 넘는 사람들의 면접이 이어지던 어느 날이었다.

면접 시간이 예기치 않게 길어지면서 면접관들은 지원자들의 너무나도 똑같은 인터뷰 대답에 녹초가 되어가고 있었다. 지원자를 통해서 '혼밥, 혼족의 시대'가 되었구나를 확실히 알 수 있을 정도였다. 무슨 기출문제를 같이 보고 온 것인지 지원자들은 너무나도 혼밥과 혼족의 시대를 읊으며 시대적인 문제를 공통의 관심사로 제시하고 있었다.

마음속에서는 이미 지원자의 이야기에 집중하지 못하고 '또 혼밥 얘기만 해 봐. 혼자 밥 먹게 해줄 거야!'라는 생각이 들 정도였다. 그리고 마지막 세 명이 남았다. 벌써 공식적 업무 시간인 6시가 훌쩍 넘은 시간이었기 때문에 지원자들도 그렇겠지만 면접관들은 체력의 한계를 실감하고 있었다. 다 식어버린 커피의 카페인에 의존하고 있는 면접관들이 나가떨어지기 직전 지원자의 발표가 시작되었다.

하지만 주제는 역시나 또 혼밥이었다. '아… 제발…' 면접관들은 상대의 이야기를 거의 듣고 있지 않은 상태였다. 잘 생각해보자. 면접관들도 평범한 사람이다. 그들도 비슷한 이야기를 계속 듣는 데 한계가 있었다. 결국 면접관들 모두 지금 발표자를 선택하지 않을 게 확실해 보였다.

"예… 수고하셨습니다. 잘 들었습니다."

면접관들은 인사를 하고 진행자에게 다음 지원자가 들어와도 된다는 사인을 보냈다.

그때였다. 오늘 하루 종일 귀에 못이 박히도록 들은 혼밥, 혼족의 시대 이야기를 발표한 그 지원자가 면접관을 향해 돌아서더니 매우 밝은 목소리로 말했다.

"면접관님들, 정말 고생 많으시죠. 이제 제 뒤에 두 지원자만 남았어요! 거의 끝나갑니다. 조금만 더 힘내주세요, 화이팅!"

그때 신기한 일이 벌어졌다. 그가 그렇게 밝게 화이팅을 외치며 나가자 일제히 면접관들끼리 속삭였다.

"쟤 뽑자, 쟤 뽑자!"

우스갯소리 같지만 이 상황이 이해가 되는가? 지원자들의 대부분은 면접관들이 기대하는 대답을 내놓으려고 노력하지만 정작 선택권을 가진 사람들은 정답을 원하는 것이 아니다. 그 질문 속에 대처하는 상대의 행동과 대답 속에 숨어 있는 행간을 보는 것이다. 대부분 지원자들의 기본적인 소양은 이미 충분하다. 그런 사람들 사이에서 얼마나 정답을 잘 말하는지 보는 면접관이 얼마나 있을까?

그가 사고하는 방식, 행동하는 방식, 대응하는 방식을 통해 '좋아, 괜찮아'라는 감정 반응이 직접적인 선택의 지점이다. 이와 관련해 다음 장에서 선택이 논리보다 감정에서 일어난다는 증거도 소개하도록 하겠다. 그녀는 물론 의도하지 않았겠지만 결국 지쳐 있는 면접관의 공통 관심을 파고드는 선택을 시도한 것이다. 그리고 그 행동은 너무나 면접관들의 상황을 잘 알고 있는 부분이었으며 매우 유니크굿했다.

다음으로 탁월성에 관한 부분이다. 모 대기업의 신입사원 페스티벌에 강연자로 갔던 지인의 이야기다.

행사 중간에 축하 공연으로 세계 요요대회에서 챔피언을 수상한 신입사원이 나왔다. 그는 쌍요요를 돌리면서 현란한 공연을 선보였다. 중력의 법칙을 거스르는 듯한 놀라운 개인기에 참가자들은 일제히 환호를 터뜨렸다. 그런데 이때 지인의 옆에 있던 인사팀장이 말했다.

"저 친구 어느 부서 직원인지 맞혀보세요!"
"글쎄요, 디자인팀인가요?"
"아니요, 재무팀이에요!"

재무팀에 저런 인재가? 와, 요즘 젊은 친구들은 생각과 달리

참 독특한 재능이 많구나 하던 순간이었다. 인사팀장이 의외의 말을 했다.

"저 친구, 저것 때문에 뽑혔잖아요. 면접 보는데 갑자기 개인기를 보여주겠다며 요요를 막 하는 거예요. 면접관들이 눈을 못 떼고, 박수가 터졌었다니까요."

"하하… 그런데, 재무랑 요요랑 무슨 상관이기에…?"

"애가 근성 있어 보이더라고요."

여기서 잠깐, 직원 채용은 동호회 회원을 모집하는 곳이 아니지 않던가! 인사담당자는 냉엄한 경쟁의 환경에서 조직을 위해 성과를 만들어낼 최고의 사람을 선발해야 하는 것이 아닌가? 그런데 어떻게 이런 농담을 하는 걸까? 하지만 이는 사실이다. 히긴스 박사는 이 지점에 대해서 "한 분야에서 탁월하다고 느끼면 나머지 분야에서도 탁월할 것이라고 판단을 내린다"라고 결론지었다. 그 대상이 거창할 필요가 없다. 아무리 사소한 것이라도 어떤 분야에서든 그것에 대해서 1등을 하는 것이 있으면 그 사람의 선택에는 프리미엄이 붙는다. 즉 평범한 것이 아니라 특별한 지점을 선택하는 것이다.

예를 들어 세상에서 가장 평범한 사람을 선발하는 대회가 열렸다고 하자. 48시간 연속으로 잘 수 있는 사람, 하루 종일 아무것도 하지 않고 TV 시청만 하는 사람, 옆에 있어도 눈에 전혀 안 띄는 사람. 내로라하는 평범한 사람들이 모두 모였다. 주최 측에서는 고심을 했고, 결국 이 가운데 1, 2, 3등을 뽑았다. 그렇다면 이렇게 뽑힌 세상에서 가장 평범한 사람 1, 2, 3등은 과연 평범한 것일까? 그렇지 않다고 생각할 것이다. 이들은 세상에서 가장 '특별한' 평범한 사람이 되어버렸다.

보통 사람이었던 그들이 어떤 분야에서 1등을 했다고 여겨지는 순간 그들의 존재는 특별해진다. 그들은 평범한 분야에서는 세상 최고의 전문가라고 주장해도 된다. 보통 사람의 관심과 태도가 어떤 것인지를 누구보다 잘 안다고 주장하더라도 그들은 이제 대표성을 가진다. 즉 그 분야의 1등이 된다는 것은 대단한 탁월성을 가지는 것이다. 사람은 누구를 선택할까?

정리해보면 다음과 같다.

① 뜻하지 않게 아주 환하게 웃는 사람: 구별성
② 면접관의 관심이나 취미 등 공통사항이 있는 사람: 상호성
③ 관련 분야가 아니더라도 어느 한 부분에서 1등을 해본 사람: 탁월성

선택은 반드시 유니크굿 지점에서 일어나며 그 유니크굿을 만드는 세 가지 요인은 구별성, 상호성, 탁월성 세 가지라는 것을 기억하자. 선택을 앞두고 있다면, 즉 내가 무엇을 선택해야 하는 상황 혹은 반대로 내가 선택받아야 하는 상황을 준비 중이라면 이 두 가지 질문을 반드시 해보자.

첫 번째, "이거 유니크굿한 거야?"

(유니크굿하지 않으면 캔슬되어버린다.)

좀 더 구체적으로 분석하고자 한다면,

두 번째, "이것은 구별되는가? 상호성을 갖는가? 탁월성이 있는가?"

(구별성, 상호성, 탁월성은 선택의 3요소다.)

기억하자. 선택의 새로운 지점은 구별성, 상호성, 탁월성이다. 수많은 선택의 요인이 있는 것처럼 보이지만 결국 이 세 가지다. 그런 관점에서 당신의 전략을 모색하는 것이 가장 빠르고 직접적인 선택 전략이다. 인사담당자로부터의 선택에 대해서도, 클라이언트의 선택이나 소비자들의 선택에 대해서도 말이다.

이 책은 앞으로 이 세 가지 지점을 중심으로 좀 더 구체적이고 직접적인 전략들을 풀어낼 것이다. 실생활의 예들을 다룰 것이기 때문에 편안하게 이 핵심 요인들을 바탕으로 선택을 해석하는 바로미터로 삼기 바란다.

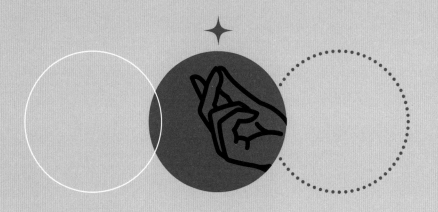

선택을 일으키는 심리의 비밀, 미시감

기시감과 미시감

선택에는 두 가지 감정이 작용한다. 기시감(Déjà vu)과 미시감
(Jamais vu)이다. 기시감은 익숙하고 편안함에 머물고자 하는 감정
이다. 본 적이 있다고 느껴지는 것, 즉 머무르고자 할 때 이 감정이
일어난다. 반면 미시감은 무엇인가에 스위치가 켜져 있는 상태로
새롭게 호기심을 가지고 들여다보는 감정이다. 매일 지나가던 길
인데도 어느 날 뭔가 달라진 것이 있다고 느껴지고 '뭐지?' 하고 들
여다보게 되는 감정이다.

기시감이 안정된 에너지 상태를 유지하고자 하는 반응이라면

미시감은 신체 운동을 하듯 정신적 에너지를 사용하고 있는 상태의 반응이라 할 수 있다. 비유하자면 피곤할 때 아무것도 하기 싫고 그냥 가만히 쉬거나 잠을 청하고 싶은 상태가 기시감이라면 집 밖을 나서서 운동을 하기 시작하면 미시감의 상태가 된다. 그 즉시 상쾌하고 개운함을 느끼며 더 나아지는 나를 '기대하는 상태'로 바꾸는 것이다. 때문에 두 감정은 지금 이 순간 나의 신체적, 정신적 상황에 크게 의존한다.

이 두 가지 감정은 우선 나이의 변화에 따라 우세 감정이 다르다. 왕성한 육체 활동 시기인 성장기 유아, 어린이, 청소년들은 신체와 정신 모두가 확장기에 있기 때문에 미시감의 상태가 지배적이고 성인이 되어 장년기로 갈수록 에너지 소모를 줄이는 기시감의 상태를 지향하게 된다. 즉 많이 섭취하고 많이 소비하는 시기와 적게 섭취하고 적게 소비하는 패턴이 사람들의 사고방식과 행동에 영향을 주는 것이다. 물론 이는 경향성을 말하는 것으로 단순히 신체 나이로 그 감정을 구분하는 것은 충분하지 않다.

분명한 것은 경험적으로 우리는 이 차이를 인지하고 있다는 점이다. 유아와 어린이를 보면 그들은 세상 모든 것이 궁금하고 알고 싶다. 아이들은 끊임없이 부모에게 질문 폭탄을 던지고 부모는 피곤해서 그 질문으로부터 도망 다니고 싶어한다. 청소년 역시 기존의 체제와 질서에 계속해서 의문을 던지고 부정하고 분노한다.

그랬던 아이들이 성인이 되고 나이가 들면 이상하게도 어렸을 적 싫어했던 기성세대의 생각을 그대로 한다. 변화를 수용하는 시기와 지금의 질서에 안주하고 싶은 시기로 지배 감정은 나이에 따라서 바뀌는 것이다.

기시감과 미시감의 실체는 호르몬

이 두 가지 감정은 흥미롭게도 호르몬이 관여하는 반응이다. 둘 다 신체적 정신적 자극에 의해서 일어나는데 우선 익숙한 것에 머물고자 하고 스트레스를 피하고자 하는 기시 감정은 코르티솔이라는 호르몬이 관여하는 반응이다. 즉각적이고 반사적이다. 원래 코르티솔은 상한 몸과 마음을 회복시키는 좋은 호르몬이지만, 다시 말하면 스트레스 요인으로부터 자신을 회피시켜 안정화 상태를 만들고자 하는 반응이다. 하지만 익히 알고 있는바 이 호르몬이 계속 발생되는 스트레스 상황이 되면 오히려 피로해지고 우울해지며 비만의 원인이 되기도 한다. 한 마디로 마음속에서 '싫어', '그만하고 싶어', '피해야 해'라는 반응이 일어나는 상태다.

반면에 차이를 주목하고 들여다보고자 마음을 내는 미시 감정은 옥시토신이라는 호르몬이 관여한다. 만족감, 궁금함, 감사함, 충만함, 흥분감, 사랑, 신뢰감이 느껴지는 감정과 관련되기 때문에 인간이 지속적으로 추구하고자 하는 대상이다. 우정, 사랑, 신뢰, 소속감, 연결감 등 사회적 감정에 의해서 촉발되며 동시에 신체적 접촉을 통해서 분비된다.

성장기의 아이들은 미시감 폭발의 상태로, 스스로 다칠 수 있는 위험을 감수하면서까지 모험을 시도하고 궁금한 것을 알고 싶어하고 자신과 함께하는 보호자와 친구에 대한 무한한 애정을 가진다. 반대로 어른이 되면 자연적으로 미시감이 줄어들게 되면서 적극적인 사회활동을 통한 사회적 감정을 고조시키거나 스킨십 등 애정 관계를 통한 충족을 원하는 감정이 된다. 좋아하는 사람을 안고 만지고 싶어하는 것, 실리콘 재질로 만들어진 말랑말랑한 촉감의 장난감 '말랑이'의 큰 인기도 이런 이유라 할 수 있다.

한 가지 알아야 할 것은 이 두 호르몬은 독립적으로 존재하는 것이 아니라 서로에게 영향을 주며 균형을 맞춰 우리로 하여금 일상의 안정감을 준다. 그런데 이것들이 선택에 어떤 영향을 미친다는 걸까? 어떻게 선택의 관점으로 활용할 수 있을까?

기시감은 스트레스를 일으킬 때 생기는 감정

'노동자들은 왜 선거 때만 되면 그들을 대변하는 진보정당 대신 기득권을 대변하는 보수정당을 선택하는 것일까?'

'왜 청년들이 기성세대들에 비해 더 도전하고 시도하기보다 교사나 공무원, 대기업 임직원이 되고자 하는 욕구가 더 강한 것일까?'

'왜 직장인들은 사업가보다 경제 상황을 부정적으로 느끼는 것일까?'

'직장인들은 왜 사업가들보다 더 자기계발과 투자를 하지 않는 것일까?'

그 이유는 바로 기시감 때문이다. 그들을 현상에 머무르게 하는 기시감은 생각 외로 개인의 성장은 물론 조직과 사회의 변화와 발전에 장애물로 작용한다. 정치인들은 바로 이 기시감을 활용한다. 사람들에게 스트레스를 느끼게 해 자신의 자리에 머무르도록 만든다. 정당 정치란 무릇 자신을 지지하는 사람들의 이익을 대변하는 대의제도로, 상충하는 권리를 위해서 국민을 대신해 싸워야하는 이들이지만 어찌된 일인지 정치인들은 '화합', '소통', '연대'를 표방하며 싸우지 않는 정치를 내세운다. 그리고 불안을 무기로 사용한다. 뭔가 기득권에게 불리한 정치적 상황이 터져나오면 우리는 '아, 곧 북한에서 미사일이라도 한방 쏘겠구나'라고 생각할 정도였으니 말이다. 또는 반대로 미시감을 무기로 사용하기도 한다. 갑자기 유명 연예인의 초대형 스캔들이 터지는 것이다. 순식간에 사람들의 관심을 이 사건으로 빼앗아버리는 시도는 뉴스를 통해서도 사실로 확인되고 있다.

노동자들이나 취약계층은 진보정당을 뽑는 게 당연하지 않을까? 그런데 신기하게도 오히려 더 보수적인 선택을 내린다. 왜 그럴까? 보수정당이 내세우는 주장들이 바로 이 기시감을 이용하기 때문이다. 이른바, '북핵, 종북, 전쟁, 평화'를 계속해서 활용한다. 결국 진보정당을 뽑으면 위기가 일어난다는 점을 활용한다. 어렸을 때부터 충실히 반공 교육을 받은 세대들, 또 전쟁이나 여러 내우외환을 겪은 기성세대들에게 이것은 본능적인 스트레스를 유발한다. 또는 국정을 운영해본 적이 없어 구멍가게 수준의 시도밖에 하지 못한다. 나라는 경험 있는 사람에게 맡겨야 한다는 주장은 그들이 사용하는 기시감의 프레임이다.

동시에 사람들은 실패를 피하고자 한다. 어차피 안 될 것을 선택하는 호기를 부리지 않는다. 이른바 사표방지 심리가 작용한다. '안 될 줄 알았으면서 왜 그랬냐', '몰랐냐? 순진하기는' 이런 표현은 스스로를 쓰라리게 만든다. 즉 심정적으로는 진보를 지지하지만 대선 후보로는 아닌 것 같다고 생각하는 것이다.

소위 대세를 따르는 것이다. 혼자 바보가 되고 싶지 않기 때문이다. 이는 국회의원을 뽑는 총선에서 뚜렷이 나타난다. 지지 정당으로는 진보정당을 선택해 비례대표 비율이 높지만 정작 인물을 뽑는 경우에는 그렇지 않은 양상을 띠는 것이다.

미시감은 감정을 증폭시킬 때 촉발되는 감정

흥미로운 사진을 한 장 소개하겠다. 내용이 다소 자극적이라 불편할 수도 있겠지만 미시감을 이해하는 데 있어 이보다 좋은 사례가 없을 것 같다.

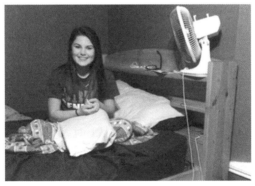

출처: 페이스북

몇 년 전 SNS를 통해 화제가 되었던 내용으로 남녀의 살인사건에 관한 것이다. 소개된 내용은 여러 가지 버전이 있지만 대개 내용은 이렇다.

결혼 10년차 부부가 있었는데 서로 대단히 사랑하는 사이였다. 남자는 출장이 잦았는데 늘 아내가 보고 싶어 문자로 "여보, 얼굴이라도 찍어서 보내줘!"라고 말했다. 그러면 아내는 자기 사진을 셀카로 찍어 남편에게 보내며 외로움을 달래주었다.

문제의 당일도 마찬가지였다. 남자가 "여보 보고 싶어!"라는 문자를 보내자 아내는 "알았어. 셀카 찍어서 보내줄게" 하고 사진을 보냈다. 그런데 남자는 아내의 사진을 보고 얼굴이 일그러진다. 깜짝 놀란 마음을 추스를 길이 없다. '어떻게 이럴 수가 있지! 이건 배신이잖아!' 남자는 당장 출장을 취소하고 돌아가서 여자와 언쟁을 벌이다가 우발적으로 아내를 살해했다는 내용이다.

그 이유는 그녀가 보낸 이 사진을 통해 여자가 다른 남자와 바람을 피우고 있다는 사실이 발각되었기 때문이었다. 자, 찾았는가? 사진을 잘 살펴보라. 이 사진의 어디에 여자가 바람을 피우고 있다는 증거가 찍힌 걸까?

아마도 당신은 가장 먼저 셀카라는 사실에 주목할 것이다. 이 사진… 누가 찍은 거지? 셀카가 아닌데? 그리고 이내 휴대폰이 눈에 들어올지도 모르겠다. 휴대폰을 충전 중인데… 뭘로 찍은 거지? 어떤 사람은 선풍기를 주목하기도 한다. 선풍기가 왜 저기 위에 있지? 이불을 주목하기도 한다. 사진을 찍는데 왜 저렇게 이불을 덮고 있는 걸까? 베개를 지목하기도 한다. 베개가 네 개나 되는데? 검정색 안경도 이상하다!

점점 이 사진에는 의심스러운 장면이 한두 가지가 아님을 목격하게 된다. 그러나 당시 SNS를 통해서 이 사진이 화제가 된 이유는 따로 있다. 바로 남자 얼굴이 찍혔기 때문이다. 이 사진에 남자 얼굴이? 한번 찾아보라. 어디 있는지 발견했는가? 바로 침대 아래에 있다. 충전 중인 휴대폰 아래, 침대의 프레임이 만나는 지점을 보면 남자 얼굴의 일부가 찍혀 있는 것을 발견할 수 있다.

남자의 콧대와 눈동자를 확인하는 순간 깜짝 놀라게 될지도 모르겠다. 무섭다는 반응이 일어나기도 한다. 아니 남자가 왜 저기에! 한편 결혼한 지 10년이 지난 부부에게만 보이는 특별한 지점도 있다. "남편한테 사진을 찍어서 보내는데 저렇게 밝은 표정을 지을 리가 없잖아…", "화장을 한 게 이상한데?" 등의 기타 의견도 있다.

이 이야기를 왜 하게 되었는지로 돌아가보자. 이 이야기를 듣는 순간 당신은 본능적으로 이 사진의 여기저기를 관찰하고 있었을 것이다. '어디가 증거인 걸까?' 하고 흥미를 가지고 들여다보았을 것이다. 그리고 남자 얼굴을 찾은 순간 '우아, 대박!' 하며 흥분했을 것이다. 이미 어떤 사람은 이 사진을 찍어서 주변 사람에게 공유하고 싶은 마음을 누르고 있을 수도 있다. 여기서 지금 당신이 느끼는 감정 그것이 바로 '미시감'이다. 마음을 내고 탐색하는 모드로, 그 안에 숨겨져 있는 이야기의 비밀을 찾고자 하는 상태의 감정 말이다. 이렇게 당겨지고 마음을 내는 상태의 감정이 이 감정의 실체다. 참고로 남자 얼굴은 원근법에 맞지 않는 것으로 소개한 사람이 합성한 가짜 사진이다.

미시감은 구체적으로 말하면 감정의 에너지가 촉발되는 상태에서 발현된다. 들여다보다가 '응? 정말? 와우!' 하면서 갑자기 감정이 일어난다. 전기 에너지 가운데 수력 발전이 위치 에너지를 이용하는 것처럼 사람에게도 기존의 상태에서 다른 상태로 감정이 촉발되면 그 만큼의 차이를 에너지로 사용하게 된다. 이 에너지는 어디에 사용되는 걸까? 흥미롭게도 미시감 에너지는 '기억'하는 데 사용되며, '선택'하는 데 사용된다.

유니크굿은 미시감에서 일어난다

앞서 유니크굿을 다시 상기해보자. '비슷한 것들은 아예 휴지통에 던져져버리고, 구별되는 것 가운데 나쁜 것을 먼저 제거하고 남은 좋은 것을 선택한다!'라고 말했다. 기시감과 미시감이 바로 이 지점에 일치한다. 비슷한 것들은 아예 논의의 대상에서조차 다루어지지 않을 것이며, 대신 마음속에서 부정적이거나 별로라고 생각하는 감정을 회피함으로써 그 대상은 거절된다. 그리고 '오, 재미있다, 좋아! 흥미로워!' 하는 것들은 미시감이 일어나고 그것을 기억하는 데 사용하며 기꺼이 선택하는 것이다. 당신은 앞서 설명한 SNS 사진의 이야기를 영원히 기억할 것이다. 혹시나 누군가가 이 사진을 설명하려고 치면 자동적으로 감정이 촉발되었던 그때의 감정이 되살아난다며 뒤이어 정답을 함께 떠올릴 것이다.

이렇게 선택이 일어나는 '감정'의 지점과 그것의 실체가 되는 두 가지 감정에 관해서 알아보았다. 요약하면 사람에게 감정을 일으키지 않는 대상은 아예 선택의 대상에 포함될 기회조차 가지기 어렵다는 점을 먼저 기억하자. 또한 상대로 하여금 나의 것을 들여다보게 만들고 싶다면 마음을 내도록 하는 촉발 요인을 제기해야 하고, 반대로 상대의 선택을 유지시키고 싶다면 안정감을 느끼게 하거나 필요하면 스트레스를 일으켜 기시감을 형성하도록 하는 것이 유리하다. 그래서 거듭 되뇌어 기억하기를 바란다.

"선택은 오직 유니크굿에서 일어난다. 유니크굿을 일으키는 감정에 주목하자!"

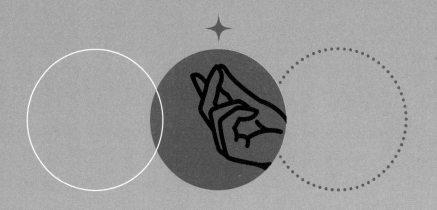

미래 시장의 선택 키워드:
감정의 결집체, 경험

단순 물건 소비 vs 경험 소비의 만족도 차이

소비는 크게 두 가지로 구분된다. 첫 번째는 어떤 물건을 사기 위해서고, 다음은 경험을 동반하는 제품을 위한 소비다. 쉽게 말해서 물건을 사느냐 경험을 사느냐의 지점으로 구분된다. 우리가 주목하고자 하는 것은 이 두 가지 가운데 '사람은 어떤 지출에 돈을 잘 썼다는 기분이 들까?'이다. 당신의 경우라면 물건일까 경험일까? 물질과 경험 중 같은 돈을 썼다면 어느 지점에서 돈을 더 잘 썼다는 만족감이 클까? 예측이 되는가?

2003년 리프 반 보벤(Leaf Van Boven)과 토머스 길로비치(Thomas Gilovich) 연구팀은 경험 소비의 놀라운 효과를 밝혔다. '경험' 동반 제품 구매를 위해 돈을 썼을 때의 만족도는 그렇지 않은 것에 비해 두 배 이상의 차이를 보인다는 것이다. 심지어 더 큰 돈을 지출할수록 말이다. 그리고 연구의 결론에서 단순 물건을 소비했을 때보다 경험 관련 소비를 한 사람은 더 행복하고, 인생 전반을 더욱 좋다고 느낀다고 주장했다. 이것뿐만이 아니다. 경험 소비는 우선 나로 하여금 돈을 잘 썼다는 기분이 들게 하지만, 흥미롭게도 타인들 역시 나의 소비에 관해 긍정적 평가를 내린다는 것이다.

사람들이 공유하는 것은 '경험'이지 '소비의 증거'가 아니다

사실 이 연구는 사람들의 일상적인 경험에서도 쉽게 묻어난다. 값비싼 구두, 옷, 가방을 구매했을 때 좋았던 감정은 생각보다 그리 오래 지속되지 않는다. 상황에 따라서는 주변 사람들의 비난을 감수해야만 한다.

하지만 여행, 어학연수, 공연, 문화생활, 새로운 것을 배우기 위한 투자에 대해서는 그것의 만족감이 상대적으로 오래 지속되며 주변에서 멋지다는 이야기도 듣는다. 그래서 우리가 SNS에서 쉽게 볼 수 있는 사진은 자신의 경험과 관련된 사진들이 주를 이룬다. 여행 풍경, 경험했던 장소에 대한 이야기, 오감을 가득 채워준 음식, 공연과 문화 등 사람들과의 경험이 가득하다.

그래서 사람들은 물건을 자랑하고 싶을 때조차 그것에 교묘히 경험을 입힌다. 새로 산 가방을 자랑하고 싶지만 오늘 커피숍에서 책을 읽는다며 스타벅스의 로고가 반만 보일 정도의 사진을 찍어 올린다. 특히 일행이 동반된 경험의 경우 그 경험의 즐거움이 담긴 사진이 어김없이 선택된다. 사진에는 이른바 경험의 감정이 고스란히 담겨 있다. 앞의 연구에서 살펴보았듯이 물건 자체보다 경험이 동반된 무엇에 주변의 좋은 평가를 얻을 수 있기 때문이다.

왜 이런 일들이 벌어지는 것일까? 그것은 우리 뇌와 깊은 관련이 있다. 우리 뇌는 매순간 엄청난 양의 정보를 처리한다. 인간의 정보처리 능력은 시각, 청각, 촉각, 후각, 미각 포함 시 매초 무려 1,100만여 개의 정보를 수용할 수 있다고 한다. 하지만 인식의 뇌에서 처리할 수 있는 양은 매초 40여 개에 불과하다. 의식적 정보처리 0.0000036퍼센트에 비해 무의식적 정보처리는 99.999636퍼센트로 압도적이다. 즉 거대한 무의식적 정보처리 영역에 들어가기 위해서는 반드시 이를 단순화시킨 형태로 변환해야 한다. 쉽게 말하면 어떤 상황의 하이라이트가 되는 일련의 사진들과 그것의 감정 태그가 부가된 인스타그램과 같은 형태다.

우리가 무언가를 선택할 때 실용성에 의거한 단순 선택은 그 필요를 실현하는 순간 기억의 요인 저편으로 사라지게 된다. 반면 경험에 관련된 것은 많아질수록 당연히 '좋아요'라고 하는 감정의 기억 역시 축적되는 것이다.

그래서일까? 연구팀은 추가 연구에서 소득증가가 높은 계층일 수록 경험 제품을 선호한다는 결과를 내놓았다. 경제적으로 여유가 있는 소위 부자들은 '경험'과 관련된 소비를 추구한다는 것이다. 경험에 관해서도 빈익빈 부익부가 나타난다고 씁쓸해할 수도 있겠지만 사람은 행복한 경험을 위해서 기꺼이 돈을 지불하고 싶어한다는 의미로 해석해도 좋겠다.

때문에 기업과 개인이 생각해야 할 것은 우리가 상대에게 요구하는 나의 지점이 얼마나 경험을 수반하고 있느냐. 세계적인 숙박 공유 서비스 에어비앤비(Airbnb)의 캐치프레이즈는 '저렴한 숙소 예약이 아니다. '여행은 살아보는 거야'라며 끊임없이 어딘가에 소속되고 싶은 인간의 마음(Sense of Belonging)을 자극한다. 그래서 에어비앤비 홈페이지에 접속했을 때 가장 상단에 나타나는 내용은 숙소 예약이 아닌 '트립(Trip)' 서비스다. 에어비엔비의 실체는 숙박 공유 서비스지만 그들이 전면에 내세우는 것은 '경험'이며 그 경험의 느낌을 담아 트립 서비스를 전면에 배치한 것이다.

이것은 비단 기업에만 국한되지 않는다. 개인 역시 얼마나 많은 스토리를 가지고 있는가가 갈수록 더 스스로의 경쟁력에 큰 영향을 미치게 될 것이다. 경험을 동반한 비즈니스뿐 아니라 경험과 스토리가 많은 개인의 선호도는 사회가 발전할수록 더욱 가속화될 것이다.

당신의 경험과 관련된 비즈니스는 무엇인가? 당신 개인은 어떤 스토리텔링을 준비하고 있는가? 체험과 스토리는 시장에서 선택받을 수 있는 키워드다.

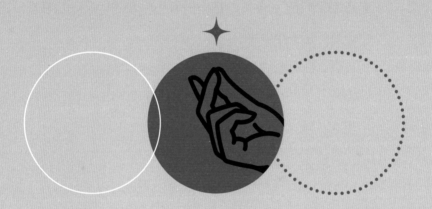

선택의 촉매를 일으키다,
리액션

어렸을 적 부모님이 내게 무엇을 해주었는가를 떠올려보면 별로 기억나는 게 없다. 그런데 무언가 잘못해서 쫓겨 다니며 빗자루를 피하다 결국 손바닥으로 등짝을 맞았던 기억은 어떤가? 정말이지 생생하게 기억할 것이다. 훗날 부모님에게 "그때 나 왜 때렸어?"라고 물으면 부모님의 대답은 십중팔구 "내가 언제?"다.

피해자는 있는데 가해자는 없는 비정한 세상! 그런데 비단 개인적인 경험만이 아닐 것이다. 각종 언론이나 인터넷 매체를 통해서 우리는 심심찮게 이런 장면을 목격하게 되는데 분명 한쪽은 거짓말을 하고 있다고 생각할 것이다. 그러나 이 부분은 거짓이 아닐 가능성이 더 높다. 왜냐하면 가해자의 머릿속에서는 정말 기억이 나지 않기 때문이다. 추궁하고 추궁하다 보면 어렴풋이 떠올리기는 하지만 그때 왜 그랬는지 도무지 생각나지 않는다. 그러나 당한 입장에서는 그때의 장면을 생생하게 기억하고 상대가 했던 말은 물론 표정까지 떠오른다. 어떻게 된 일일까? 사람은 행위 그 자체를 기억하기보다는 반응을 기억하는 데 민감하기 때문이다.

속상하게 들리겠지만 상대는 당신이 어떤 행위를 했는가에 대해서는 쉽게 잊어버린다. 누군가에게 어떤 이타적인 행동을 했든, 어떤 노력을 기울였든, 무엇을 보여주었든, 상대는 기억도 못하는 경우가 많다. 다시 떠올려보라. 어렸을 적 부모님이 당신의 생일이나 어린이날에 어떤 선물을 했는지 어디에 데려갔는지를 말이다. 당신의 반려자가 기념일에 무엇을 선물했는지 무슨 말을 했는지는 시간이 지남에 따라 잘 기억나지 않는다.

대신 기억나는 것은 '상대의 반응'이다. 나름 고민해서 기획한 제안을 무시하던 상사나 클라이언트, 애써서 준비한 이벤트를 냉랭하게 대하던 연인, 형제가 다투자 정작 피해자인 나에게도 매를 들던 부모님의 모습, 퇴사를 앞둔 사람을 대하는 동료들의 반응은 아주 생생하게 기억할 것이다. 이렇게 우리는 반응을 기억한다. 심지어 그들의 무반응도 반응으로 기억한다. 왜냐하면 행동 그 자체보다 상대의 '반응'이 감정을 담고 있기 때문이다. 반응은 나와 상대 사이에서 일어나는 감정의 표현이자 대립이며 이것이 곧 기억의 대상이기 때문이다.

하지만 '반응'의 속성을 잘 이해한다면 선택에 있어 큰 기회로 활용할 수 있다. '상대의 반응'에 대한 '나의 반응'을 기억하는 '상대의 기억', 다시 말하면 나의 반응을 기억하게 될 상대의 생각이다. 이를 과정으로 표현하면 다음과 같다.

[반응과 기억의 과정]

① My ACTION.
② His/Her REACTION → 나에게 기억되는 지점
③ My REACTION → 상대에게 기억되는 지점

기억은 행동에서 출발한다. 내가 어떤 행동을 하지 않는다면, 보통 아무런 반응도 기대할 수 없다. 대신 상대방의 행동에 내가 반응하는 형태일 것이다. 내가 어떤 행동을 했다면 상대로부터 반응이 돌아올 것이다. 제안이나 요청이었다면 긍정이나 부정일 것이다. 여기에 내가 다시 반응을 일으킨다면, 상대방 역시 나의 행동을 기억할 것이다.

흔한 예로 남녀의 다툼을 생각해보자. 여자는 남자의 사소한

어떤 행동으로 기분이 상했다. 그래서 상대에게 화를 낸다. 의도하지 않은 상대의 반응에 남자도 기분이 상했다. 그래서 남자도 마음에 없는 말을 내뱉어버린다. 두 사람은 결국 이 일로 크게 감정이 상한다. 그 감정 에너지는 내부에서 증폭된다. 그리고 서로는 서로에 대해서 상종해서는 안 될 나쁜 상대로 치부하기 시작한다. '당신과 결혼한 내가 너무 아깝다. 당신하고 결혼만 안 했어도…' 순식간에 감정은 악화일로를 걷는다. 그런데 잠깐, 우리가 왜 다투게 되었지? 어느새 두 사람이 왜 다투었는지 기억나지 않는다.

분명히 사소한 것이 발단이었는데 두 사람이 지금 생각하는 상대는 아주 악의 화신으로 변신해 다른 사람이 되어 있다. 그리고 이때의 감정은 두고두고 기억에 섭섭함으로 저장된다. 그래서 유치하기 짝이 없던 이 사건은 시간이 지나서도 봉인 해제를 해서는 안 되는 판도라의 상자가 된 것이다.

간단하다. 사람은 행동보다 반응을 더 주목하기 때문이고 반응은 그런 감정을 증폭시키는 촉매제다. 그리고 나의 기억과 선택에 큰 영향을 미친다. 우리가 행위를 하는 목적은 상대로부터 '선택'을 유도하거나 '행동'을 촉발하고자 하는 것이다. 모든 행동은 의도가 있다. 이미 리액션 전략은 마케팅 한 영역으로 구축되었다. 그 제품에 열광하는 사람들의 반응을 광고하고, 영화 예고편조차 리액션 트레일러(Reaction Trailer)가 한 영역으로 만들어졌다. 영화의 예고편을 보는 유튜버의 흥분된 리액션을 광고함으로써 사람들의 감정 전염을 이끄는 것이다. 수많은 신메뉴 상품, 새로운 장난감, 뷰티 용품, 패션 인테리어 소품들. 여기에 그치지 않고 각종 영화, 음악, 책 등 콘텐츠에 이르기까지 사람들의 리액션을 담아 선택률을 높이는 전략은 이미 우리의 일상이 되었다. 사람들의 반응이야말로 선택을 일으키는 강력한 촉매가 되기 때문이다.

2017년 대한민국은 역사에 길이 남을 엄청난 결집으로 권력을 교체하는 신기원을 만들어냈다. 여기서 주목할 것은 그 많은 사람들이 모여드는 방식이었다. 현장에 모인 사람들은 끼리끼리 모여들었지 서로가 아는 사이가 아니었다. 하지만 그들은 SNS를 통해서 현장에 모여든 사람들의 반응에 반응했다. 본인의 관심과 동질한 집단의 반응에 마음이 움직이는 것이다. 연대감, 소속감, 신뢰라는 사회적 감정이 담긴 모습이 스크린을 통해서 전염되었다. 이렇듯 사람들의 경험과, 그 속에 담긴 반응은 사람들의 행동과 선택에 있어 큰 영향을 미치는 촉매이자 기폭제가 됨을 우리는 경험한 것이다.

우리의 행동은 사람들의 반응을 일으킨다. 나의 행동이 변화의 파문을 일으키는 것이다. 반응을 보여줘라. 반응을 만들어라. 그것이 선택의 발전기가 되어 돌아올 것이다.

선택되는 것들의 비밀

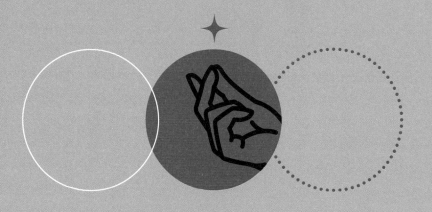

나를 대표하는
카테고리를 찾아라

유니크굿의 관점에서 사람의 특징을 규정할 때 가장 먼저 설명하고 싶은 점은 '분류의 동물'이라는 것이다. 수많은 정보의 입출입을 효율적으로, 그리고 즉각적으로 처리하기 위해 인간은 대상 그 자체나 내용보다 그것의 범주를 먼저 떠올리고 세부 내용으로 접근하는 특성을 갖고 있다. 이것을 카테고리 중심 사고(Indexing Knowledge)라고 한다.

예를 들어 당신이 오늘 일도 고되었고 날씨도 더워 힘들었다고 가정해보자. 그래서 저녁에 맥주가 마시고 싶다. 안주로는 뭐가 좋을까? 당신은 시원한 맥주에 어울릴 만한 바삭하게 튀긴 단백질을 섭취하고 싶다. 이럴 때 친구에게 뭐라고 말하며 저녁을 먹자고 할 것인가? 다음의 두 경우 중 우리가 흔히 쓰는 표현이 무엇인지 골라보자.

① 은영아, 오늘 치맥 하자.
② 은영아, 오늘 BBQ치킨에 카스 맥주 한잔하자.

사람들이 ①번처럼 대답할 확률이 높을까, ②번처럼 대답할 확률이 높을까? 말할 것도 없이 사람들은 압도적으로 ①번처럼 대답한다. '치맥 하자'라고 말하는 빈도가 특정 브랜드의 무엇을 하자고 말하는 빈도보다 월등히 높은 것이다. 이는 구글 검색량에서도 쉽게 볼 수 있는데 치맥의 검색량은 5,290,000개로 BBQ치킨에 맥주 검색량 590,000에 비해 압도적으로 많다.

사람들은 정보처리를 쉽게 하기 위해 수많은 하위 속성의 상위 개념인 카테고리 중심으로 생각한다. 이것은 사람의 의사결정 과정의 용이성과 관련이 깊다. 범주로 생각하는 게 훨씬 빠르고 쉽게 선택에 접근할 수 있기 때문이다.

선사시대의 인간이 숲속에서 부스럭 소리가 났을 때, 그 소리가 무엇일지 가능성을 하나하나 다 따지다가는 위험요인에 쉽게 대처할 수 없었을 것이다. 대신 '위험요인'이라고 간주하고 준비 태세를 갖추면서 세부 상황을 살피는 것이 더 효과적이었다.

우리는 현재를 살고 있으니 다시 지금으로 돌아와보자. 흔히 점심 메뉴 고르는 상황을 가정해보면, 가장 밑단의 수많은 음식들을 나열하고 뭘 먹을까 생각하는 것이 아니라 한식, 중식, 일식, 베트남식 등 카테고리를 먼저 떠올려 폭을 제한한 후 선택을 시작한다. 이처럼 사람은 하위 속성이 아니라 카테고리 중심으로 생각하는 것이다. 다음도 마찬가지다.

- 끝나고 나랑 화장품 사러 가자. 〉끝나고 나랑 아리따움 가자.
- 당 떨어진다, 초콜릿 먹고 싶어. 〉당 떨어진다, 가나 초콜릿 먹고 싶어.
- 퇴근하고 소주 한잔하자. 〉퇴근하고 처음처럼 한잔하자.

이렇듯 인간은 범주를 먼저 떠올리는 카테고리식 사고를 한다.

카테고리 중심 사고를 이제 이해했을 것이다. 사람은 범주를 먼저 생각한다. 그런 다음 그 범주를 대표할 수 있는 것을 떠올린다. 예를 들어 당신에게 다음 질문을 듣고 떠오르는 물건이나 상품을 말해보라고 했다고 가정해보자. 제시되는 메시지는 다음과 같다.

당신은 지금 매우 피곤한 상태다. 피로엔?

이 말을 듣고 어떤 제품이 떠오르는가? 아마 자동적으로 그 범주의 대표성을 가진 '박카스'가 떠오를 것이다. 거의 무의식적이다 싶을 정도로 그 카테고리를 대표하는 제품으로 자리매김을 하고 있다. 그럼 박카스 말고는 어떤 제품이 피로회복에 도움이 될까? 한두 개 외에 별로 떠오르는 게 없을 것이다.

나와 당신만 이상한 것이 아니다. 실제로는 많아도 두 개에서 세 개까지만 생각난다. 예를 들어 배달앱 하면 무엇이 떠오르는가? '배달의 민족'만 떠오르는 것이 아니라 '요기요'도 생각난다. 숙박앱 하면 '여기어때'나 '야놀자' 정도까지는 떠오른다. 정리하자면 사람은 뭔가를 떠올릴 때 대상보다 범주를 먼저 떠올린다. 선택할 게 많은 만큼 대상의 상위 개념인 카테고리를 먼저 떠올리게 된다. 그리고 그 카테고리를 대표하는 상품이나 서비스를 역시나 떠올린다. 반대로 이런 상품이나 서비스가 카테고리 대표성을 가지고, 점점 많은 사람들에게 이용되고 각인되기 시작하면 그 자체가 카테고리로서의 속성도 가질 수도 있다.

'스마트폰 메신저의 대표 주자는?' 하면 한국인은 자동으로 '카카오톡'을 떠올린다. 카카오톡이 메신저의 대표성을 갖자 어떤 일이 벌어지고 있는가? 누군가에게 연락을 해보라고 할 때, 연락 수

단이 그냥 문자든 카카오톡이든 라인이든 무엇이든 간에 사람들은 "야, 카톡 해봐"라고 하지 않던가!

이런 관점에서 보면 나와 내 일의 선택률을 높이기 위해서 가장 중요한 것은 내가 어떤 카테고리에 속하는지, 특히 어떤 카테고리의 대표성을 가질 수 있는지 생각하는 것이다.

자르고 쪼개고 자르고 쪼개고, 서브타이핑

기존의 카테고리를 세분화해서 더 하위 개념으로 구체화해 그것의 대표성을 갖는 전략을 취할 수도 있다. 이를 서브타이핑(Subtyping)이라고 부른다. 이른바 개념을 하위로 잘게 쪼개서 쪼개진 범주의 대표성을 추구하는 전략이다. 예를 들어 '전국 창업 아이디어 경진대회'가 열렸다고 가정하고, 대회에서 당신이 장려상을 수상했다고 해보자. 물론 수상하지 못한 것에 비하면 내세울 수 있는 비교 조건일 수 있다. 그러나 입상 수준으로 볼 때는 탁월하다고 평가받기는 어렵다. 당신을 1등으로 내세울 수 있는 부분을 추출하는 것이 중요하다.

전국 창업 아이디어 경진대회 1등!

(만약 아니라면) 대학생 부문 1등!

(만약 아니라면) 대학생 비즈니스모델 아이디어 부문 1등!

(만약 아니라면) 대학생 공학 부문 비즈니스모델 아이디어 부문 1등!

물론 대회가 공식적으로 규정한 부분은 아니라 하더라도 거짓이 아니라면 당신만의 하위 대표성을 찾아내고 그것으로 대표성을 주장할 수도 있다. 사실이니까. 이제 두 가지를 비교해보자.

대학생 공학 부문 비즈니스모델 아이디어 부문 1등 vs
전국 창업 아이디어 경진대회 장려상

면접관이라면 창업 관련해서 대학생 공학 부문의 탁월성을 가진 당신을 주목하지 않을 수 있을까?

카테고리 대표성 전략(Category Representative)은 비즈니스에서도 아주 중요한 개념이다. 앞서 말한 것처럼 카테고리의 대표가 된다는 것은 곧 선택을 의미하기 때문이다. 실제 사례로 국내 편의점 업계에서 사용된 카테고리 대표성 전략을 살펴보자. 당신은 혹시

'위드미(With me)'라는 편의점을 알고 있는가?

위드미 편의점은 2013년 시작되었지만 이곳을 이용하는 고객들조차 '위드유?'라고 말할 정도로 브랜드 인지도가 낮았다. 그렇다면 혹시 이 편의점을 운영하던 회사가 어디인지 알고 있는가? 작은 중소형 회사일 거라는 사람들의 예상과 달리 그곳은 우리나라 대형마트 1위 업체 이마트였다. 이마트는 대형마트 업계의 카테고리 대표성을 가진 일등 브랜드 기업이다. 거꾸로 이마트 자체가 마트를 대표하는 범주로 인식되고 있다. 이런 상황 속에서 위드미는 어떤 선택을 했을까?

2017년 7월 신세계그룹은 편의점 브랜드를 위드미에서 '이마트24'로 교체한다고 발표했다. 브랜드 파워의 약점을 카테고리 대표성으로 보완하고자 함이었다. 물론 이름만으로는 충분하지 않다. 이마트가 대형마트 부문 부동의 1위임은 당연하지만 편의점 업계로 보자면 CU와 GS25, 세븐일레븐 등 더 막강한 브랜드들이 많기 때문이다. 아무리 이마트라 하더라도 이것만으로 편의점 분야의 대표성을 갖기에 역부족인 것이다.

그래서 이마트는 카테고리 대표성 전략으로 서브타이핑 방법을 취한다. 바로 위드미에서 브랜드 이름을 바꿔 재런칭한 이마트24에 더해, 편의점의 속성을 더 쪼개 '라이프스타일 편의점'으로 카테고리를 규정하고 이것의 대표성을 확보한다. 편의점을 담배, 수입맥주를 사는 곳에서 일상에서 편안하게 이용할 수 있는 문화생활 공간으로 카테고리를 재정의하고 그것의 대표주자로 포지셔닝한 것이다.

기존 편의점 카테고리에서 라이프스타일 편의점 카테고리로 자르고 그 분야의 1등이 되고자 하는 전략이다. 실제 모든 점포는 아니지만 라이프스타일 편의점 이마트24의 일부 점포는 차가운 식은 밥이 아니라 밥통에서 지은 따뜻한 밥을 제공하고 옹색하지 않게 카페처럼 편안한 실내공간에서 휴식을 취할 수 있으며, 현대적인 세련미를 느낄 수 있게 루프탑을 갖춘 멋스럽고 머물고 싶은 점포도 제공하고 있다. 위드미에서 이마트24라는 이름만으로도 카테고리 대표성이 느껴지는데 라이프스타일 편의점이라는 하위 대표성마저 추구한 것이다.

'편의점 분야에서 우리는 후발주자다. 하지만 라이프스타일 편의점 분야에서 우리는 1등이다'라는 전략을 취하는 것이다.

이렇게 브랜드 재정립과 카테고리 대표성 전략 이후 신세계의 이마트24 편의점은 시장에서 폭발적 성장 가도를 달리고 있다. 이것이 카테고리 대표성 전략의 힘이다.

이종 범주를 차용해 재정의하기

카테고리 대표성은 하위로 자르는 서브타이핑도 존재하지만, 나와는 상관관계가 없는 범주를 차용해 그것을 나의 것으로 재정의하는 것도 좋은 방법이다. 몇 가지 사례를 살펴보자.

만약 당신에게 이런 문구를 제시한다면 ○○ 안에 들어갈 단어를 알아맞힐 수 있겠는가?

먹지 마세요.
○○에 양보하세요.

빈칸에 들어갈 단어를 알겠는가?

'먹지 마세요. 피부에 양보하세요'라는 '스킨푸드' 광고 메시지다. 후발주자였던 스킨푸드는 화장품을 뷰티 카테고리에서 뷰티 푸드 카테고리로 자름으로써 이 분야 대표성 전략을 취한 것이다. 박카스는 어떤 카테고리 대표성 전략을 취했는지 이제 짐작이 가는가? 박카스는 자양강장제 분야에서 피로 카테고리를 자르고 그곳에서의 대표성을 취했다. 또 여기에 활력, 젊은 에너지를 더해 카테고리를 자른 것이 '비타 500'이다.

자양강장제 분야에서 또 다른 카테고리 대표성 전략의 사례는 바로 '간'이다. 피로에는 박카스라는 범주 대표성을 후발주자가 공격하기는 쉽지 않다. 이미 확고한 입지를 다지고 있기 때문이다. 이럴 때는 아직 점유되지 않은 다른 카테고리를 연관시키는 접근이 가능하다. 대표적인 예가 '우루사'다. 우루사는 피로 대신 간이라는 카테고리를 가져와 대표성을 추구했다. 사실 문제는 간이고 우리가 간 분야의 대표주자임을 전략으로 취한 것이다.

단, 이종 카테고리를 차용한다고 무조건 대표성을 확보할 수 있는 것은 아니다. 붙인다고 다 되는 것은 아니다. 전제가 있다. 바로 사람이 반드시 의식할 수밖에 없는 속성에 관한 것이어야 한다. 소위 타로나 철학관처럼 사람의 현재와 미래를 점쳐주는 이들은 그 용한 점괘로 사람들을 놀라게 하거나 공감을 끌어내는 데 있어서 탁월함을 보인다. 그 비밀을 밝힌《콜드리딩》의 저자 이시이 히로유키에 따르면 사람은 '돈, 인간관계, 목표(꿈), 매력과 건강'에 관해서는 본능적으로 마음을 연다고 한다. 인간이 가진 거의 대부분의 고민, 어려움, 목표, 희망은 사실 이 네 가지 영역 안에 모두 포함된다.

이렇게 선택의 기술 유니크굿의 첫 번째 전략으로 카테고리 대표성을 제시했다. 우리는 낙인찍기를 좋아한다. 대상이 어디에 속하는지, 어떤 범주의 것인지를 구분하는 것이 인간의 생존에 가장 직접적이기 때문이다. 그래서 개인의 관점에서도 기업의 전략을 모색하는 관점에서도 '선택을 위해 뭘 해야 할까?'라고 고민할 때 우리가 가장 먼저 생각해야 할 것은 다음과 같다.

내가 하고자 하는 것은 어떤 범주에 속하는가? 나는 어떤 범주를 대표할 수 있을까? 만약 그 범주를 대표하기에 어려움이 있다면 하위로 쪼개서 확보할 수 있는 대표성은 없을까? 아니라면 상관이 없는 이종 분야로부터 나를 연결할 수 있는 부분은 무엇이 있을까? 이것이 여러분의 선택 전략에 있어 중요한 첫 번째 기준이 되어야 한다.

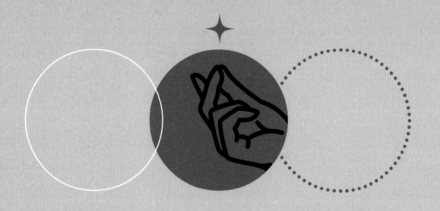

그룹으로 묶어라:
완벽한 선택 대신 쉬운 선택 제시하기

카테고리 대표성은 그 범주의 대표적인 것만 기억되고 선택된 다고 규정했다. 그런데 내가 가진 것이 같은 범주에서 여러 가지일 경우 현실적으로 하나하나 대표성을 만드는 건 어려운 일이다. 다 시 말해 나 개인을 선택하게 하거나 내가 준비하는 하나의 대상에 대해서 부각시킬 때는 카테고리 대표성 전략이 가장 주요한 접근 이지만, 내가 가진 것이 여러 가지일 경우에는 그룹의 대표성을 만 들어주는 접근이 가능하다.

예를 들어 내가 편의점이나 마트를 운영한다고 가정하면, 이 미 진열되어 있는 식품이나 음료들을 하나하나 다른 범주에서 대표성을 만들어주는 것은 어렵다. 맥주 코너, 스낵 코너 이런 분류가 있고 그 분류에도 참으로 다양한 제품들이 있다. 이럴 경우 어떻게 하면 그 여러 가지를 주목하게 할 수가 있을까. 기억하자. 선택을 내려야 하는 상대의 입장에서 선택 옵션이 늘어날수록 고통을 느끼게 되고, 결국 회피 행동으로 선택 자체의 기회를 갖지 못할 수도 있다.

이와 관련해서 컬럼비아대학의 쉬나 아이엔가(Sheena Iyengar) 교수와 스탠퍼드대학의 마크 레퍼(Mark R. Lepper) 교수의 유명한 연구를 소개하겠다. 선택의 개수와 사람들의 선택 동기와의 상관관계를 다룬 논문 〈선택이 의욕을 잃게 할 때(When Choice is Demotivating: Can One Desire Too Much of a Good Thing?)〉에 소개된 내용으로, 이들은 샌프란시스코의 대형마트에서 빵에 발라먹는 잼을 가지고 선택에 관련된 흥미로운 실험을 진행한다.

여러 종류의 잼을 진열해서 구매를 유도했고 한쪽 그룹은 24개를, 또 다른 쪽은 6개를 진열해서 보여주었다. 이럴 때 소비자들이 시식하는 빈도와 실제 구매 비율을 측정한 것이다. 결과는 어땠을까? 잼의 종류가 24개로 다양했을 때 시식하는 사람들의 비율은 다른 그룹인 6개에 비해서 상대적으로 높았다. 시식 비율이 높으니 구매 비율도 높지 않을까? 그런데 이 실험의 결과는 달랐다. 24개 진열 시 구매로 이어진 비율은 전체의 3퍼센트에 불과했다. 그렇다면 잼의 종류가 6개로 적었을 경우는 어땠을까?

결과는 놀랍게도 24개 진열의 경우보다 무려 10배나 높았다. 시식 비율은 잼의 종류와 비례했지만 정작 구매하는 비율은 잼의 종류와 반비례했다. 선택할 게 많아지면 오히려 선택하지 않는 현상을 잘 보여준다.

소비자는 과도한 정보제공을 만날 경우 도리어 선택을 미루고 만다. 24개나 되는 잼들 중 하나를 고르는 건 머리 아픈 일이다. 시식이야 무엇을 먹든 즐겁지만 구매는 다르다. 갑자기 먹어보지 못한 나머지 것들과 먹어본 것 가운데 뭘 선택해야 할지 선택장애가 일어난다. 당신은 정말 24개의 잼들 중 내가 고른 그 하나가 가장 좋은 선택이었다고 자신할 수 있겠는가? 이런 선택 스트레스는 당신을 머뭇거리게 하고 결국 선택을 미루어 현재의 스트레스를 피하게끔 만든다.

사야지 하는 마음으로 들여다볼 때에서 생각해볼까 모드로 빠져나온 셈이다. 그래서 소비자는 자신의 완벽한 선택을 만들 수 없는 과도한 선택권 앞에 아예 구매를 포기하는 선택을 하게 된다. 반면 6개 중에서는 선택의 폭이 좁고 당연히 선택의 스트레스도 줄어든다. 그래서 쉬운 선택 조건에서 구매가 10배나 더 일어날 수 있었던 것이다.

다음 사례를 살펴보자. 지금 당신은 정통 멕시칸 요리점에 들러 메뉴를 골라야 한다. 일행이 있다 보니 두세 가지는 주문해야 한다. 직원이 대단히 친절한 표정으로 메뉴판을 가져다준다. '음 좋아, 골라볼까!' 그런데 메뉴판을 펼치는 순간 머릿속이 하얘진다. 이국적 느낌의 다양한 음식들 모습은 좋지만, 도무지 뭘 시켜야 할지 모르겠다.

"뭐 먹을래?" 하고 일행에게 도움을 요청해보지만 돌아오는 답변은 더욱 난감하다. "마음에 드는 거 아무거나 시키세요." 그렇게 선택권은 또다시 나에게 돌아오고야 만다. 결국 직원의 도움을 빌려봐야겠다. 이제 당신의 다음 행동은 무엇일까?

당신은 아마 직원에게 이렇게 물을 것이다.

"여기서 가장 인기 있는 메뉴가 뭐예요?"
"사람들이 이 식당에서 뭘 제일 많이 먹어요?"

너무 많아서 뭘 골라야 할지 모를 때 사람들은 그곳에서 가장 '대표적인 것'을 알려달라고 요청한다. 역시 이 과정에서도 카테고리 대표성이 작동하는 것이다. 그러나 당신이 먹어야 할 음식은 한 가지만이 아니다. 밥 종류가 됐든, 스테이크 종류가 됐든 보통은 두 가지 이상의 메뉴를 주문해야 하는 경우가 좀 더 일반적이다.

바로 이럴 때 당신의 구세주는 '베스트 메뉴'다. 이를 이해하는 레스토랑은 반드시 메뉴판의 제일 앞이나 뒤에 '베스트 메뉴 페이지'를 표시하고 있다. 왜? 사람들이 가장 많이 선택한 메뉴들 중 하나를 고르는 것이 '제일 쉬운 결정'이기 때문이다. 동시에 이 쉬운 결정은 '안전한 선택'을 의미하기도 한다. 그야말로 사람들이 가장 많이 선택한 것이지 않은가! 대중적이고 맛있을 게 분명하다는 믿음이 생긴다. 그리고 그것이 어려운 나의 선택을 도와주고 말이다. 베스트 메뉴 5, 그 순위 안으로 들어갔다는 것은 그래서 강력한 선택의 동인이 된다.

상대에게 완벽한 선택 대신 쉬운 선택을 제시해야 한다

사람의 선택은 실시간이다. 무언가를 맞닥뜨릴 때 우리는 즉각적으로 선택을 내리고자 하는 본능이 있다. 때문에 빠른 시간 안에 선택을 내리지 못하는 상황이 연출되면 대단히 스트레스를 받는다. 선택이 지체되기 때문이다. 결국 선택의 시간에 있어 정보처리의 양은 한계가 있다. 처리할 정보가 너무 많아지면 스트레스를 느끼고 결국 그것을 외면하게 된다. 반대도 마찬가지다. 판단의 근거가 되는 정보량이 너무 적어도 스트레스를 느낀다. 판단으로 인한 기회손실 위험 역시 커지기 때문이다. 그래서 자연스럽게 결정을 미뤘던 경험, 누구나 한 번쯤은 있을 것이다. 이런 현상은 인터넷 쇼핑에서 자주 목격된다. 무한대에 가까운 선택권 앞에 처음 느꼈던 희열도 잠시, 급격한 피로를 느낀 당신은 투자한 시간이 무색할 정도로 결국 아무것도 사지 않게 된다. 우리 일상에서 흔히 볼 수 있는 모습이다.

그래서 우리는 상대에게 '완벽한 선택' 대신 '쉬운 선택'을 제시해야만 한다. 이미 우리는 고를 것이 너무 많아 망설여지는 선택 과잉의 시대에 살고 있기 때문이다. 선택과잉 시대의 신종 질병인 결정장애를 앓는 이들이 우리 주변에 너무도 많다. 대형마트 조미료 코너에만 가도 그 어마어마한 종류에 압도되어 자연스레 그보다 선택권이 적은 동네 슈퍼나 편의점을 찾게 된다. 완벽한 선택을 만드느라 소비자를 힘들게 하면 그들은 결국 아무 행동도 취하지 않고 선택을 외면하게 된다. 소비자의 선택 없이는 매출 또한 없지 않은가! 기업의 관점에서도 과거 선택의 자유와 다양한 구색을 갖추기 위해 노력했다면 이제 쉬운 선택 전략의 설계는 반드시 구성원들에게 교육시켜야 하는 필수 교과목이 되었다.

순위를 제시하라

우리가 가장 흔하게 접할 수 있는 쉬운 선택 전략은 바로 '베스트 순위'의 제시다. 선택과잉 시대의 결정장애자들에게 남들이 가장 많이 선택한 증거를 보여주는 것만큼 그들의 선택을 돕는 일이 없기 때문이다. 그렇다면 전략을 짜는 입장에서는 어떻게 해야 할까? 자신의 제품을 반드시 그 베스트 순위 안으로 넣어야 한다. 전체 범주 속에서 베스트로 들어가기가 어렵다면 카테고리를 잘라 특정 카테고리 내에서 순위 안으로 들어가면 된다.

예를 들어 전체 메뉴 베스트 5 안으로 들어갈 수 없다면 20~30대들이 가장 좋아하는 메뉴 베스트 5로, 그것도 어렵다면 20~30대 여성들이 가장 좋아하는 메뉴 베스트 5로, 그것도 안 된다면 20~30대 여성들 중 몸매를 중요하게 생각하는 사람들이, 아이를 키우는 사람들이 가장 좋아하는 메뉴 베스트 5로 잘라 들어가는 식이다. 내가 공급자로서 플랫폼을 가지고 제공하는 입장에 있다면 특히 소비자의 선택을 쉽게 도울 수 있도록 다양한 베스트 정보를 제공해주어야 한다. 그래야 선택의 어려움 앞에서 소비를 미루려는 소비자의 닫힐 뻔한 지갑을 활짝 열 수 있기 때문이다. 골라야 하는 선택의 종류가 많다면 반드시 베스트를 제공하라. 그것이 소비자의 쉬운 선택을 만들어 매출로 이어질 수 있다.

이마트의 수입맥주 전략

카테고리 대표성 전략 부분에서 이마트 수입맥주 사례를 심층적으로 파헤쳐보자. 이마트는 대대적인 광고를 통해 400여 종의 다양함을 어필했다. 편의점의 만 원에 수입맥주 4개 골라 담기 전략에 맞서 다양함을 대대적으로 내세웠고 크래프트 맥주 분야의 카테고리 대표성을 확보한 것이다. 몇 백 개에 이르는 다양함으로 카테고리 대표성을 확보했음으로 끝난 것일까? 소비자의 뇌리에 '수입맥주는 이마트'라는 대표성을 확보한 후 여기에서 한 발 더 나아갈 것이 있다. 바로 400여 종의 다양함 앞에 망설이는 소비자의 선택을 쉽게 만들어주는 전략이 반드시 필요하다. 앞의 샌프란시스코 대형마트 잼 실험에서 알 수 있듯이 과도한 선택권은 스트레스를 유발해 고객이 선택을 미룰 수 있기 때문이다. 혹은 기존의 늘 선택해오던 패턴을 유지할 가능성도 있다. 즉 굳이 머리 아프게 뭐가 있나 들여다보는 대신 늘 마시던 것을 선택하는 것이다.

많은 선택권이 모객에서 매출로 이어지는 데는 한 가지 단계가 더 필요하다는 뜻이다. 만약 당신이 시장에 새로이 진입하고자 하는 경쟁자라면 이런 상황이 속상할 것이다. 공급자 입장에서는 함께하는 파트너들이 더 선택될 수 있도록 도와주어야 한다. 과연 그 선택의 전략은 무엇일까? 바로 '쉬운 선택 전략'이다.

만약 몇 백 개의 맥주가 길게 진열된 공간에 이런 문구가 있다면 소비자의 선택은 어떻게 달라질까? 선택의 고통은 얼마나 줄어들까? 무엇보다 중요한 매출은 어떻게 달라질까?

2018년 12월 수입맥주 판매 순위 베스트 5
여성들이 가장 선호하는 수입맥주 베스트 5
맥주 전문가들이 추천하는 수입맥주 베스트 5
초보 입문자가 마시기 좋은 수입맥주 베스트 5
사랑하기 좋은 날 연인들을 위한 수입맥주 베스트 5

쉬운 선택에 집중하라. 우리는 주목해야 한다. 소비자의 완벽한 선택을 만드는 것에서 넘어 어떻게 그들의 쉬운 선택을 만들 것인지, 그 쉬운 선택 전략 안에 우리 제품과 서비스를 어떻게 포지셔닝할지 말이다. 쉬나 아이엔거 교수의 연구에서 유추해볼 수 있듯이 쉬운 선택을 만드는 숫자를 제시하고 그 범주에 당신이 제공하는 것들을 묶어라.

고객에게 여성/남성이 선호하는 베스트 5, 특정인들에게 추천하는 베스트 3처럼 베스트를 제시해 그들의 선택을 도와주도록 해보자.

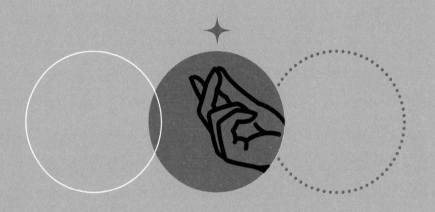

동질집단의
관심을 연결하라

세계 최대의 콘텐츠 제작 배급사이자 동영상 스트리밍 서비스 회사 넷플릭스의 토드 옐린 제품 혁신 부문 부사장은 언론에서 의미심장한 선언을 던진다.

"지역, 나이, 성별 데이터는 쓰레기다."

기업에게 있어 그의 주장은 대 고객 전략의 근간을 뒤흔드는 발언이었다. 여전히 많은 기업뿐만 아니라 우리 개인은 상대방의 관심을 얻기 위해 그의 물리적인 특성에 주목하기 때문이다. 상대가 어떤 성향인지 알고 싶은데 그에 대한 정보를 바로 얻을 수는 없으니 객관적인 요인에서 관찰되는 패턴을 찾고 싶기 때문이다. 하지만 이번에 살펴볼 내용은 '사람'의 특성에 대한 패턴이 아니라 '대상'의 선택에 대한 패턴이다.

넷플릭스가 전 세계 1억 명이 넘는 가입자 데이터를 분석한 결과, 고객의 나이나 지역과 같은 물리적 속성이 콘텐츠 선택과 직접적 상관관계가 없다고 밝혔다. 쉽게 말해 이웃집에 나와 같은 나이, 같은 성별의 여성이 KBS 〈아침마당〉을 좋아한다고 해서 내가 그것을 좋아할 것이라는 어떠한 근거도 없다는 말이다. 다시 말해 나의 콘텐츠를 고객들이 선택하게 하고 싶다면, 특정 세대, 특정 성별, 특정 지역을 포커스해서 홍보하기보다는 그 대상 '자체'에 관심을 가지고 홍보하는 것이 더 유용하다는 점이다.

넷플릭스는 이런 이유로 고객의 신원 정보를 바탕으로 콘텐츠를 추천하는 대신 콘텐츠 시청 습관의 유사성이 보이는 집단을 찾는 데 콘텐츠 추천 알고리즘을 집중하고 있다. 그것이 훨씬 매출에 직접적인 영향을 미치기 때문이다. 이는 모기업인 아마존도 마찬가지 방식이다. 세계 최대의 유통기업 아마존의 핵심 기술도 '관심 연결'이다.

아마존을 이용해본 사람들의 다수가 혀를 내두르면서 하는 말이 "어떻게 내 취향을 이렇게 잘 알까?"이다. 아마존은 특정 사용자의 신원 정보를 바탕으로 하는 추천 대신 그가 어떤 것들에 관심을 가지고 있는지 그 선택 패턴을 주목한다. 그리고 그와 비슷한 패턴을 가진 고객들을 찾아낸다.

이들을 동질집단이라고 부르는데, 만약 동질집단의 누군가가 특정 물건을 구매하면 나 역시 마찬가지로 그 제품에 관심이 있을 거라고 추측하는 것이다. 그래서 아마존의 프로모션은 이달의 신제품, 이달의 할인상품 등 불특정 고객에게 제공하는 일반적인 상품을 소개하는 대신 '지금 이게 새로 나왔는데 당신도 관심 있지? 지금 사면 할인해줄게'라는 방식으로 특정 고객에 특화된 상품을 추천하거나 할인혜택을 제공하는 방식이다.

이렇게 아마존은 유사 관심 집단을 형성해 그들 내에서의 관심을 그룹 내의 다른 이들에게 공유해주는 방식이다. 거듭 말하면, 이들은 소비자의 신상이 아니라 그들의 관심을 한데 묶어줌으로써 매출을 일으키는 전략을 취한다. 특정 베스트셀러에 프로모션을 집중하는 대규모 매출 전략 대신, 작은 관심들을 연결해 추천하지만 그 전체의 합은 대중을 향한 기존의 전략보다 우수하다는 점을 피력한 것이다.

기술 기업이나 콘텐츠 기업에 국한되는 이야기라고 할지도 모르겠다. 하지만 그렇지 않다. 우리 일상의 예로 살펴보자. 당신이 대형마트에 가서 맥주를 구입한다고 생각해보자. 예전에는 선택지가 두 가지 정도밖에 없었다. 카스나 하이트 중에 고르면 충분했기 때문이다. 그런데 어느 날, 깜짝 놀랄 일이 벌어진다. 마트에 갔더니 갑자기 세계 맥주 코너가 마련되었고, 라거와 에일이라는 분류 아래 듣지도 보지도 못한 수많은 맥주들이 진열되어 있다.

가격도 원산지도 정말 다양하다. 수많은 맥주 앞에 당신은 잠깐 압도당한다. 뭘 마셔야 할까? 오늘은 이걸 마시고 내일은 다른 걸 마시기에 그 수는 너무나도 많다. 그런데 여기서 끝이 아니다. 와인 코너에 갔더니 500가지가 넘는 와인들이 진열되어 있다. 뭐가 뭔지 하나도 모르겠다. 이럴 바에는 아무것도 사지 않겠다. 즉 선택권에 압도당해 아무것도 선택하지 않음을 선택하는 것이다.

처음에 당신은 혼란을 겪지만 이내 주류 코너 직원에게 추천을 부탁한다.

"뭐가 맛있나요?"

그러나 돌아오는 대답은 당신이 이전에 한 번도 생각해본 적 없던 '기호'에 관한 질문이다.

"어떤 맛을 선호하시나요?"

내가 어떤 것을 좋아했더라 하고 생각해보니 나는 기호라는 것을 잘 모르고 마셔왔다. 그냥 나쁘지 않으면 상관없었던 것 같다. 두세 가지 선택지 중에 골랐을 뿐이었으니까 말이다.

직원이 나에게 묻는다.

"가볍고 청량감이 있는 형태를 좋아하시나요? 아니면 볼드하고 깊은 목 넘김의 느낌, 여운이 있는 맛을 좋아하시나요?"

그것이 당신이 찾는 속성이라면 바로 선택의 지점이 된다. 하지만 대개는 '아니, 그게 다 무슨 맛이래?'라는 반응일 수 있다. 만약 이럴 때 '이 제품은 이런 종류의 사람들이 많이 선택하고 있습니다'라고 말하고, 그것이 내가 선호하는 집단 사람들의 취향이었다면 어떨까? 좀 더 깊은 관심뿐 아니라 선택할 확률 또한 높아진다. 직원에게 물어보지 않더라도 인터넷을 검색해 '내가 참여하고 있는 커뮤니티나 내가 신뢰하는 이들이 요즘 추천하는 어떤 제품'을 발견한다면 그것을 찾아서 선택하고자 할 것이다. 즉 물리적 특성이 아니라 나와 관심이 연결되는 동질집단의 선택에 더 반응할 가능성이 높다. 다음의 경우를 보자.

오지마라톤 KMUT 동호회 선정 베스트 트레일 장소
인스타그램 #맛스타그램 '한식' 분야 최고 좋아요 수상 가게
국내 최대 와인동호회 '와인과여행' 선정 가성비 최고 와인
퇴근 후 '런스타' 러닝 동호회 선정 강남 러닝 코스
독사모(독서를 사랑하는 이들의 모임) 선정 2018년 12월 베스트셀러

동질집단의 선택은 유니크굿에 있어 구별성과 상호성을 지극히 끌어올린다. 때문에 이런 관점에서 상대의 선택을 일으키고자 한다면 앞에서 설명한 베트스 순위 제시 방식의 '쉬운 선택' 요인을 제공하는 것과 더불어 나의 것에 관심을 가질 특정 동질집단을 찾고 그들을 공략하는 것이 훨씬 전략적이다. 모두를 위한 것은 누구를 위한 것도 아니다(All is Nothing.)라는 점을 기억하자.

지금까지 개인과 기업은 매출 증진 노력의 일환으로 고객 데이터를 상시 수집해 기업 매출 증진에 활용했다. 가장 기초가 되는 최소한의 신원 정보를 비롯해 성별, 나이, 지역, 직업에 이르기까지 다양한 정보를 수집하고자 노력한다. 왜냐하면 그 정보들이 고객의 취향과 선택에 상관관계가 있음을 믿기 때문이다.

하지만 과연 그럴까? 같은 지역에 있는 사람은 유사한 취향을 가졌다고 단언할 수 있을까? 동년배들은 그들만의 뚜렷한 선택 유형이 존재하는 걸까? 심지어 국가 수준의 관점에서도 그런 걸까? 모든 것이 연결되고 세대와 성별과 상관없이 시공간의 제약을 넘어 모든 콘텐츠에 접근하는 지금의 시대에서 이 근거는 점점 약해지고 있다.

지금 우리는 각자의 관심이 서로 발견되고 선택되며 공유되는 관심연결경제 시대에 살고 있다. 너무나도 많은 정보 속에서 사람들은 자신의 관심을 찾아내고자 하며 나도 몰랐던 나의 기호를 나와 비슷한 행동 패턴을 가진 사람들 속에서 찾아내고 그들을 위한 특별한 서비스를 제공하는 것이 비즈니스 가치의 핵심이다. 이제 그들의 관심을 연결하는 지점을 모색할 때다.

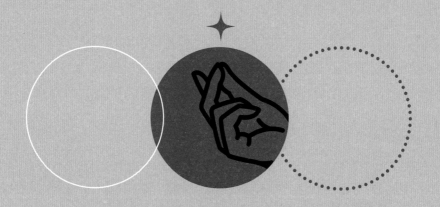

편향성의 필터 버블을
넘어서라

나의 선택은 정말 나의 생각일까?

영화 〈매트릭스〉 1편에서 네오는 오라클을 찾아간다. 그녀를 접견하려고 기다리는 동안 네오 앞에 앉아 있던 동자승이 자신 앞에 있던 스푼을 자유자재로 휘는 것을 보여준다. 네오가 놀라워하자 동자승은 의미심장한 말을 던진다.

"스푼을 휘려고 하지 말아요. 그건 불가능해요. 대신 진실을 인식해야 해요."

네오는 묻는다.

"어떤 진실?"

"스푼은 없다는 진실이요. 휘는 것은 자신의 마음이란 것을. 당신의 마음이 휘면, 스푼도 휘어요."

우리는 네오가 현실이라고 믿으며 살아가던 세계가 매트릭스라는 거대한 시스템에 의해 만들어진 가상의 세계라는 사실을 잘 알고 있다. 등장인물 모피어스와 트리니티는 네오에게 계속해서 매트릭스가 시스템이며 통제에 관한 것임을 알리려고 애를 쓴다. 그리고 진실에 눈을 뜨고 자신을 발견하여 진짜 세계에서 살아갈 것을 주문한다. 그런데 이 이야기, 단순히 영화의 세계일까? 이미 우리는 매트릭스가 실제화된 세상 속에 있으며 정작 그것을 인식하지 못한 채 살아가고 있는 것은 아닐까?

아침에 일어나서 SNS를 켜고, 출근길 목적지를 검색하고 근처의 맛집을 찾아낸다. 서비스들은 나의 일상에서 원하는 니즈들을 척척, 내 주변의 정보를 기반으로 내가 찾을 만한 것들을 단번에 제공한다. 유튜브를 실행하면 내가 관심 두고 있는 것들을 바로 보여준다. 이제는 음악조차 과거 사용하던 유명 스트리밍 서비스는 머릿속에서 지워져 있다. 틀어놓기만 하면 내가 좋아하는 음악들을 계속해서 목록으로 들려주고 있으니 말이다. 〈보헤미안 랩소

디〉 영화를 보고 열광한 다음부터는 신기하게도 그 음악들을 친절하게 계속 들려준다.

관심 가는 기사를 보다가 댓글을 읽는다. '그렇지 나도 그렇게 생각해. 속 시원하군.' 그런데 반대되는 글들이 더 많으면 답답해하며 기사를 닫아버린다. '요즘 알바들이 너무 많아, 이런 거 좀 삭제해주면 안 되나?'라면서 말이다. 그렇게 사용자들의 관심과 선택을 더 실현하는 업체들이, 서비스들이 선택되며 새로운 시장의 강자로 거듭나고 있다.

네이버, 구글과 같은 정보 검색 서비스는 똑같은 키워드를 입력해도 사용자에 따라 다른 결과를 제시하고, 트위터, 페이스북은 내가 친구로 등록한 이의 메시지만 노출시킨다. 인스타그램, 유튜브, 넷플릭스는 더 말할 것도 없이 내가 자주 들여다보는 주제의 것들을 더 집중해서 관심 콘텐츠들을 추천하고 시청을 부추긴다. 내가 관심을 가지지 않는 것들을 아예 걸러주니 얼마나 좋은가. 문제는 정보과잉 속에서 자동화된 관심 추천은 자신도 모르는 사이에 편향성 시야를 갖게 만들며 유니크굿한 특징을 상실하게 만든다는 것이다.

생각의 균형을 위협하는 필터 버블

필터 버블(Filter Bubble)은 사용자의 이력, 위치, 행동데이터 등의 데이터를 바탕으로 사용자가 선호하는 정보를 선별하여 제공하는 결과물을 말한다. 이 용어는 미국의 정치 참여 시민단체 무브온의 리더 엘리 프레이저에 의해 소개되었는데 그는 기업들이 정보를 필터링하는 알고리즘에 정치적 혹은 상업적 논리가 개입되면 사용자들은 자기도 모르는 사이에 정보 편식을 하게 되고 타의에 의한 가치관 왜곡이 일어날 수 있음을 지적했다.

프레이저는 특히 선호 정체성(Identity Loop)의 지점에서 경고했다. 유튜브를 예로 들면 노출되는 영상 목록 가운데 일시적인 궁금증이 일어나 선택했다고 가정하면, 유튜브는 그 사람이 이런 유형의 영상에 관심이 있다고 판단하여 관련 영상들을 더 추천하게된다. 사용자에게 유사한 것들을 더 많은 선택지로 제시하는 것이다. 사용자는 별 생각 없이 추천되는 영상들 가운데 눈길을 끄는것을 또 선택할 것이고 이런 경향성은 지속적으로 반복되고 커지게 된다.

특히 유튜브 등의 미디어 소비는 진지한 생각으로 분석하고이해하기 위해서 보기보다는 오락성으로 접근하기 때문에 무의식적으로 이런 선택에 영향을 받을 가능성이 높아진다. 본인이 좋아하는 오락물들을 더 추천하는 것이 문제라고 볼 수는 없지 않은가 라고 말할 수도 있다. 하지만 잘 생각해보면 이들 플랫폼 사업자의 비즈니스 모델은 바로 '광고'다. 즉 사람들에게 오락거리를 더 제공하고 더 많은 광고를 제시함으로써 수익의 선순환을 만들어낸다. 사업자는 사용자에게 유용한 정보보다는 일시적인 재미와 자극의 오락물들을 더 선호하도록 '훈련'시키는 것이 최적의 사업 모델인 것이다.

이렇게 본다면 과연 플랫폼 사업자들은 사용자에게 가치중립적인 알고리즘을 제시한다고 말할 수 있을까? 그렇지 않음을 쉽게 짐작할 수 있다. 우리는 오늘도 우리가 알지 못하는 사이에 이들이 만들어놓은 알고리즘에 선택의 영향을 받고 심지어 의식의 영향을 받고 있다.

편향성의 필터 버블을 극복하고
유니크굿함을 추구할 수 있는 방법

필터 버블 속에서 우리는 빠져나올 수 없는 것일까? 그렇기도 하고 그렇지 않기도 하다. 우리가 조금만 더 의식적으로 행동한다면 자연스럽게 버블을 터뜨리고 좀 더 명확한 시야로 세상을 바라볼 수도 있다. 세상의 다양한 모습을 더욱 투명하게 바라보고, 편향성 시야를 가두는 서비스들을 의식적으로 선택 활용하는 접근이 중요하다.

① 개인화 알고리즘을 하지 않는 서비스들을 선택지에 두기

트위터의 경우엔 페이스북과 같은 개인화 알고리즘을 적용하지 않는 것으로 알려져 있다. 즉 내가 팔로잉한 사람들의 포스팅을 실시간으로 피드에 반영해서 보여준다. 동시에 전체 트래픽의 관점에서 이슈가 되는 트렌딩 정보들을 해시태그로 모아서 제시해준다. 때문에 지금 무슨 일이 일어나고 있을까가 궁금하다면 트위터를 이용하는 것도 방법이다.

② 포털 대신 언론사를 직접 방문해서 열람할 것

포털에서 제공하는 기사들은 생각 이상으로 필터 버블을 만들어내고 있다. 일단 노출되는 기사의 종류 자체가 우리의 시야를 제한하기 때문이다. 그래서 생각 없이 포털의 메인 기사를 보는 대신, 본인이 생각하는 정론지의 사이트들을 직접 들어가서 언론사가 생각하는 주요 의제들이 무엇인지를 살피는 작업이 필요하다.

③ 명시적인 구독으로 자신이 선호하는 것들의 우선순위를 가
  질 것

선호하는 콘텐츠에 구독 표시를 하면 공급자가 이를 반영해서 우선노출을 제공한다. 개인화는 나쁜 것이 아니다. 개인화는 나와 공급자에게 윈윈이다. 단지 알고리즘의 핵심은 선택하거나 선택당하는 것이라는 점을 유념하자. 내가 선택을 명확하게 함으로써 나의 선호가 영향을 받게 하는 대신 나의 선호가 나의 선택에 영향을 줄 수 있도록 접근하는 것도 방법이다. 여전히 우리 주변에는 깊은 생각의 통찰을 이끌어낼 분석적인 기사나 블로그들이 많다. 그런 정보들을 나의 우선순위에 발견될 수 있도록 명시적인 선택과 구독을 표시해놓자.

④ 오락 콘텐츠보다 교육 콘텐츠를 구독 목록에 꼭 포함시킬 것

인식의 지평을 넓히고 편향성을 배격하는 수준급의 콘텐츠들이 생각보다 많다. 유튜브를 포함해 TED나 명사들이 운영하는 채널, 또는 여러 미디어 채널을 구독해 시청하고 읽는 기회를 늘리자. 마치 클래식 음악을 듣고 있노라면 차분해지는 것처럼 생각할 거리를 만나고 있노라면 내가 놓치고 있던 많은 것들에 대한 관심을 환기시키는 기회를 발견할 수 있을 것이다.

다양성이 사라질 때 미래도 사라진다

우리는 매일 엄청난 양의 정보가 생산되고 모든 것들이 쉽게 발견되고 연결되는 사회 속에 살고 있다. 이는 새로움이 넘쳐나고 다양성이 꽃을 피울 것이라고 생각되지만 그 속에서 나의 관심에 따른 선택을 강화시키기 위한 보이지 않는 힘의 영향을 더욱 크게 받고 있다. 물론 과거에도 사람들은 저마다 자신이 속한 사회와 조직, 그리고 일로부터 영향을 받고 그 속에서 생각하고 행동해왔다.

그러나 빅데이터와 인공지능의 시대라는 디지털 변혁이 만들어내는 거대한 변화 속에서 어쩌면 매트릭스 속에 살아가는 네오와 사람들처럼, 우리는 보이지 않는 힘에 의해서 생각하는 능력을 잃어버린 채, 하지만 스스로는 확증편향을 강화하고 진짜 세상의 모습을 부정하며 살아가는 상황이 벌어지지는 않는지 생각해야 한다. 이를 명확하게 인식하지 않고 방치하게 된다면 사회는 점점 더 양극화의 양상 속에 갈등을 빚게 될 것이고, 개인의 입장에서도 명확한 세상의 인식을 실패한 채 판단을 내리는 위험성을 키워가게 되는 것이다.

스티븐 제이 굴드의 말처럼, 진화는 진보가 아니라 다양성의 증가 속에서 일어나는 것이다. 중용이란 어디에도 속하지 않는 중립적인 태도를 말하는 것이 아니라 좌측과 우측의 생각들을 모두 제대로 인식함으로써 나의 생각이 어디에 있는지 공간감을 갖는 것이다. 유니크굿해지기 위해서는 생각의 균형을 갖는 것이 중요하다. 다양한 의견들이 제시되고 부딪히는 지점을 찾아서 들여다보아야 하고, 아이디어를 기반으로 여러 사회 문제를 해결하고자 하는 시도들이 모이는 장을 관찰하고, 필터 버블을 일으키는 장치와 서비스로부터, 스스로 의식하는 습관으로 생각하고 교류하고 정리하는 시간들을 가질 수 있도록 노력해야 한다.

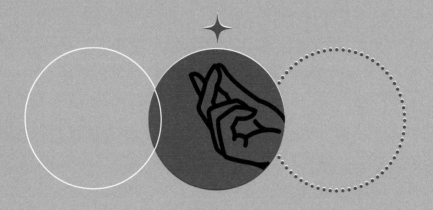

나르시시즘을 일으켜라:
상대로부터 나를 발견하게 만들기

세상에서 가장 버리기 어려운 욕구 '인정욕구'

'무소유'로 유명한 법정 스님은 수행의 삶에서 가장 내려놓기 어려운 욕구였노라고 고백한 것이 있다. 바로 '인정의 욕구'이다. 그 이유는 근원에 있어 가장 중요한 존재가 '자기 자신'이기 때문이다. 지구의 순환 시스템을 만들어내는 것이 맨틀 내부의 핵에서 일어나는 끊임없는 에너지 반응처럼, 인간에게 있어서도 끊임없이 일어나는 의식 에너지의 핵심은 '자기 자신'이다.

그런데 세상의 모든 것을 볼 수 있지만 정작 볼 수 없는 것은 바로 자신이다 보니 사람은 숙명적으로 함께 살아가는 사람들의 반응과 선택 속에서만 그 의미를 채워갈 수가 있다. 함께 살아가지만 정작 상대의 눈 속에서 자신을 발견하고자 하는 노력은 혼자의 외로움과 더불어 살아가고 싶은 욕구라는 양면이 공존하는 것이다. 그래서 이를 '따로 또 같이(Alone Together)'라고 부른다. 혼자라서 좋지만 혼자라서 싫은 마음을 잘 대변해주는 표현이다.

어떤 모임에 참석했을 때, 서로를 알기 위해 자기소개를 하고 있음에도 서로를 전혀 인지하지 못하는 경험을 한 번쯤은 해본 적이 있을 것이다.

"안녕하세요, 저는 ○○에서 온 ○○○입니다. 저는 어떻게 해서 여기를 오게 되었고요, 뭐를 좋아합니다. 앞으로 좋은 관계 만들어요."

그러나 정작 그곳에 참석한 나는 상대방의 이야기를 듣고 있지 않다. '나는 뭐라고 소개하지'라며 어떤 말을 할지 계속 생각하고 있는 나를 발견할 것이다. 그래서 정작 서로를 다 소개했지만 전혀 상대를 모르는 상황이 벌어지는 것이다. 그만큼 우리는 자신이 상대에게 어떻게 보이는지가 더 중요하다.

만약 자기소개를 하는데 서로를 제대로 알게 만들고 싶다면 어떻게 해야 할까? 사람의 이런 인정의 욕구를 거꾸로 활용하면 된다. 2인 1조가 되어 각자 5분씩 상대를 인터뷰하게 만드는 것이다.

한 사람은 '기자'가 되고, 나머지 한 사람은 '인터뷰이'가 된다. 그런 다음 기자는 자신이 개인적으로 궁금한 것을 이것저것 물어본다. 5분이 지나면 순서를 바꿔서 마찬가지로 진행한다. 그런 다음, 한 명씩 돌아가면서 자신이 인터뷰한 상대에 대해서 소개하는 시간을 갖도록 하는 것이다. 즉 내 소개가 아니라 내가 인터뷰한 사람을 소개하는 형태로 말이다.

　진행자가 "이런 식으로 인터뷰를 하시면 돼요!"라며 한 사람을 불러내서 구체적인 질문의 종류, 대답의 형태를 예시로 들면 장내는 잠깐 술렁인다. '아니, 저 정도로 자세히 소개해야 되나? 내가 저렇게 말할 수 있을까?'를 걱정하지 않아도 된다. 사람들이 나를 어떻게 생각할까가 아니라 이 사람을 내가 잘 인터뷰했다는 느낌을 갖고 싶기 때문이다. 그래서 아주 자연스럽게 상대방에게 궁금한 점을 꼼꼼하게 묻고 제대로 기억하고 대답하려고 한다. 그런 관심과 몰입으로 자연스럽게 이야기가 자신에게 기억된다. 그리고 각자 발표를 할 때도 '나는 무슨 대답을 하지?'라는 생각 대신 편안하게 다른 사람의 말을 경청하며 나의 파트너를 소개하는 여유를 가질 수가 있다. 이런 방식의 소통을 '도출 커뮤니케이션(Pulling Communication)'이라고 부르는데 자기 인정 욕구의 방점을 내가 아니라 상대방에게 두도록 함으로써 질문했기 때문에 경청하고 질문받았기 때문에 생각하면서 대답하도록 해 생각의 다양성을 넓

혀주는 에너지로 활용할 수 있다.

인간의 자기애는 가장 강력한 본능이다. 이것을 우리는 나르시시즘이라고 부른다. 이와 관련된 유명한 신화를 기억할 것이다. 세상에서 가장 잘생긴 나르키소스라는 남자의 이야기다. 그의 어머니는 리리오페라는 강의 요정이었는데 나르키소스를 출산한 후, 유명한 예언자 타이레시아스에게 아들의 운명을 묻는다. 예나 지금이나 자신과 가족의 미래를 알고 싶어하는 인간의 본능은 여전한 것 같다. 그녀의 이 질문에 타이레시아스는 아들이 자신의 얼굴 때문에 죽음을 맞이할 수 있다며 얼굴을 절대 보지 않도록 하라고 당부한다. 깜짝 놀란 어머니는 물의 요정들에게 아들이 자신의 얼굴을 보지 못하도록 조치할 것을 부탁한다. 그래서 요정들은 나르키소스의 몸이 물에 닿으면 그의 모습을 볼 수 없도록 하는 마법을 건다. 그렇게 아들은 어머니의 관심 속에 건강하게 무럭무럭 자라난다. 그런데 나르키소스는 어렸을 때부터 자기애가 너무 강했다. 오직 자신에게만 관심이 있었고 타인의 감정 따위는 아랑곳하지 않았다. 어느 날 에코라는 요정이 그에게 구애를 했지만 끝내 거절당한다. 에코는 나르키소스의 반응에 너무 화가 난 나머지 복수의 여신 네메시스에게 복수를 부탁하는 기도를 했다. 결국 이 기도가 문제의 발단이 되었다. 어느 날 나르키소스는 호수를 지나가다가 물을 마시기 위해 엎드렸다 물에 비친 자신의 모습을 보고 깜짝 놀란다. '아니, 이렇게 멋있을 수가!' 자신의 모습이 너무나도 아름다운 나머지 그는 하루 종일 물속에 비친 자신을 바라본다. 그리고 이내 그 얼굴을 만져보고 싶어 몸을 기울이다가 빠져버리고 결국 죽음을 맞는다. 그리고 그가 있었던 장소에서 새로이 피어난 꽃이 바로 수선화였다는 이야기다.

이 이야기는 일면 터무니없는 일화로 받아들일 수도 있다. 하지만 많은 신화가 그렇듯 이는 인간이 가지고 있는 보편적인 속성을 하나의 스토리로 풀어낸 것이다. 나르키소스의 이야기는 인간의 자기애를 상징적으로 보여준다. 세상의 그 모든 존재보다 중요하고 관심을 가지고 있는 유일한 대상, 바로 자기 자신이다. 나를 상대방이 인지하기를 바라고, 내가 한 말과 일의 의미를 상대방이 인정해주기를 바라고 또한 나를 선택하기를 바라는 마음이다.

그러나 이런 지점을 거꾸로 활용한다면 도리어 상대에게 기억되는 당신을 만들 수도 있다. 서로 각자에게 관심이 있는 것이라면, 거꾸로 나로부터 상대를 발견하고 그 의미를 느끼도록 만들어주면 그는 내게 관심을 보일 수밖에 없기 때문이다. 앞서 소개한 자기소개 방법처럼 결국은 상대에게 관심을 가지는 것이 나를 좀더 잘 이해하고 나를 좋아하게 만들 수도 있다.

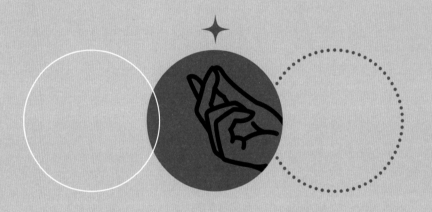

작은 정성으로 감정의 반응을 만들어라: 스몰 이팩트

비슷한 것들은 기억되지도 선택되지도 않는다. 내가 상대방으로부터 선택되기를 바란다면 오직 유니크굿의 지점을 모색해야 한다. 이것은 마음을 표현하는 선물에 대해서도 마찬가지다. 우리는 상대와의 좋은 관계를 유지하고 더 의미 있는 진전을 위해서 종종 선물을 한다. 무의식적으로도 선물은 관계에 있어 특별한 것임을 알기 때문이다. 그래서 마음을 표현하고자 할 때마다 어떻게 하면 좋은 선물을 전할 수 있을까 고민할 때가 많다. 특별한 관계의 사람에 관한 것이라면 이 생각들은 과정과 내용 면에서 미시감의 대상으로 그 자체로 의미가 있을 것이다. 반대로 기대하지 않은 선물을 받았을 때도 상대가 나를 생각한 마음에 고맙고 기분이 좋아지던 기억이 있을 것이다. 선물이란 서로의 신뢰와 호감을 증진시키는 관점에서 논리를 뛰어넘는 대단히 좋은 도구임에는 틀림없다.

그런데 비즈니스 거래 관계의 상대나, 약한 고리의 사회적 관계에 있는 사람들에 대해서라면 '비용 대비 효과'를 생각하게 된다. 그래서 미시감보다는 스트레스 요인의 기시감이 작동한다. 결국 '어떤 선물을 할까?' 하는 마음보다는 가볍게 메시지로 축하나 응원의 말을 담아 보냄으로써 두 사람의 관계를 연결하는 수준의 선택을 내리곤 한다. 이것 자체는 실용적인 접근이라고 할 수 있다.

문제는 나만 그렇게 생각하는 것이 아니라는 것으로 때로는 재앙을 만드는 요인이 된다. 결과적으로 연말이나 연초, 그리고 기타 기념일은 똑같은 인사말의 홍수가 터지는 날이고 곧 스트레스를 받는 날을 의미하고야 만다. 한눈에 봐도 본인 연락처에 있는 이들에게 단체로 보내는 메시지들 일색이다. 무시하자니 불편하고 대답하자니 번거롭다. 혹시 자신의 생일날 불편한 경험이 떠오르는가? 하루 종일 축하 메시지를 받는 경험은 즐거운 일이기도 하지만 수많은 사람들이 비슷한 말들을 당신의 타임라인과 메신저에 융단폭격 하는 통에 하루가 어떻게 지나갔는지 모르겠다 싶을 때도 있었을 것이다.

그들은 좋은 의도로 당신에게 연락한 것이지만 받는 입장에서는 '당한다'라는 느낌이 들 정도로 속수무책이다. 그래서 즐거워야 할 하루가 은근히 밀린 숙제를 하는 것 같은 기분에 휩싸일 때가 더 많다. 비슷한 것들은 기억되지 않는 것을 넘어서서 스트레스 유발자로 작용할 운명으로까지 처하는 것이다. 물론 그런 연락이나 축하를 실컷 받아보기라도 했으면 좋겠다라는 사람도 있을 것이다. 대신 상대는 이런 상황일 수 있다는 점을 유념하도록 하자.

작은 선물의 결코 작지 않은 큰 효과

대형마트에 가면 쉽게 지나칠 수 없는 곳이 시식 코너다. 식품 코너로 접어들면 어김없이 후각을 자극하며 발길을 멈추게 만든다. 당연히 시식 상품을 먹는 것은 100퍼센트 무료다. 간편히 따라 마실 수 있는 음료나 과자를 넘어 직접 물을 끓여야 하는 라면, 스파게티, 익힌 소시지, 튀겨야 하는 만두, 치킨에 이르기까지… 심지어 그 비싼 소고기까지 공짜다. 먹는 입장에서야 편하지만 제공하는 입장에서는 여러 가지로 준비할 일도 많고 비용도 든다. 채 준비가 끝나기도 전에 손님들은 몰려들고 심지어 길게 줄을 서기도 한다. 분명 구매 효과가 있으니 시식행사를 할 테지만 여간 힘든 일이 아닐 수 없다. 도대체 시식이 얼마나 구매에 영향을 미치기에 계속 시식행사를 하는 것일까? 실제 시식이란 행동은 소비자 선택에 있어 엄청난 영향을 미친다.

시식 코너의 매출 비밀을 알면 깜짝 놀랄 것이다. 무료 시식행사를 할 때와 하지 않을 때의 매출 차이는 무려 6배에 달한다. 시식행사를 하면 생각지도 않았던 것인데, 공짜인데 뭘 하며 부담 없이 먹게 된다. 하지만 그걸 먹음으로써 무의식적으로 마음의 빚이 생기게 된다. 그래서 스스로 '맛있네… 사 두면 먹겠지 뭐' 하며 전혀 살 마음이 없었던 상품도 구입하는 사람이 많아진다. 이를 작은 정성 효과 '스몰 기프트 이팩트(Small Gift Effect)'라고 부른다. 이처럼 우리 일상생활에서 작은 정성은 생각보다 큰 선택을 부르는 이유가 된다.

메시지로 전한다면 라이프모티프를 공략하라

상대에게 마음을 표현하고자 한다면, 미시감이 일어나는 접근을 선택하라. 불특정 다수에게 보내는 동일한 단체 메시지보다는 특별히 감사하고 싶은 사람에게 진심으로 마음을 담은 두 사람만의 유니크굿한 이야기를 전하는 것이 효과적이다. 특히 라이프모티프(Life Motif) 지점을 들여다보라. 라이프모티프란 아무도 모르는 두 사람만의 비밀, 두 사람만의 에피소드, 두 사람에게만 의미 있는 공감 지점의 이야기를 말한다. 라이프모티프는 특별한 감정을 일으키는 미시감을 내포하고 있기 때문에 상대와의 관계를 형성하는 데 큰 영향을 준다.

관련 경험은 그 말을 하는 즉시 그때의 기억이 소환되며 생생하게 장면이 떠오를 것이다. 라이프모티프가 강할 경우에는 두 사람이 어떤 이유로 심하게 다투고 실망하더라도 여간해서는 관계가 잘 깨지지 않는다. 비단 연인 관계가 아니더라도 우리의 사회적 관계 역시 이런 라이프모티프가 인연의 큰 원동력 중 하나로 작동할 수 있다. 그래서 어떤 기념일이나 챙기고 싶은 날에 메시지를 전한다면 가벼운 인사와 함께 두 사람만의 재미있었던 경험을 인용하며 그때의 기억을 소환하라. 반대로 누군가와의 만남에 있어 재미있었던 사건이 있었다면 그것을 메모해두고 라이프모티프로 활용하라.

"과장님 벌써 우리가 만난 지 3년이네요. 처음 만났을 때부터 환하게 맞아주고 세심하게 챙겨주셔서 얼마나 감사했는지 몰라요. 문득 작년에 있었던 사건이 떠올라요. 제가 임원 보고를 위해 지방에서 차를 몰고 올라가는데 길이 너무 막혀서 결국 제시간에 도착하지 못했잖아요. 과장님이 현장에서 아무렇지도 않은 듯이 행사 진행 전 요즘 이슈가 되고 있는 영상 하나 보고 시작하자며 시간을 벌어주셨잖아요. 아마 안 그랬으면 저 완전 초대형 사고 칠 뻔 했었죠. 저라면 과연 그렇게 대처할 수 있었을까 상상이 가지 않네요. 그 덕분에 우리도 이렇게 친해지고 프로젝트도 멋지게 만들어갈 수 있어서 얼마나 감사한지요. 세상에 이런 분이 또 있을까?^^ 소중한 인연, 앞으로도 잘 지켜가요!"

명심하자. 사람은 논리적인 동물이 아니다. 감정을 담은 독특한 경험은 당신과 상대를 특별한 관계로 묶어주는 라이프모티프가 될 것이다.

선물을 한다면 작은 것으로

가볍게 문자 메시지로 상대방과의 관계를 확인하고 유지해가는 것도 현명한 방법이다. 하지만 직접적인 접촉이 아니기 때문에 그 효과 역시 단편적이다. 스크린을 보며 하루 종일 많은 양의 메시지를 주고받기 때문에 쉽게 잊혀질 가능성도 높다. 그래서 좀 더 직접적인 터치를 만들고 그 효과 역시 무게감 있게 다가가기 위해서는 실체가 있는 형태의 시도가 효과적이다. 우리는 때때로 선물을 주고받음으로써 관계의 지속성을 유지하려고 노력한다. 그러나 주의할 것이 또 선물이다. 너무 큰 선물을 했을 경우 상대방이 부담을 느끼거나 부정적인 인상을 줄 수 있다. 결론부터 말하면 상대가 부담을 느끼지 않을 정도의 작은 선물이 좋다.

코넬대학 데니스 리건(Dennis T. Regan) 교수팀은 작은 선물의 힘을 실제로 입증했다. 연구팀은 사람들을 두 그룹으로 나누어 실험을 진행한다. 실험 중 한 그룹에는 연구팀이 작은 음료수를 선물한다. "다른 방에 갔더니, 콜라를 공짜로 주기에 하나 더 가져왔어요. 드세요"라며 말이다. 반면 다른 그룹에는 아무것도 가져다주지 않는다. 그런 직후 연구팀은 지나가면서 말하듯, "제가 요즘 자선 모금 기부행사를 하는데 그 티켓을 하나 사 주시겠어요?"라고 하는데, 실험의 목적은 작은 선물을 주었을 때 두 그룹 간에 티켓을 사는 비율의 차이가 있을까에 관한 것이다.

과연 그 차이는 어땠을까? 미비했을까 아니면 컸을까? 본인이 기대하지 않았던 탄산음료를 받았던 그룹은 아닌 그룹에 비해 무려 두 배나 높은 비율로 티켓을 구매했다. 부탁을 한 사람의 태도와도 관련이 있었을까? 역시 고려 변수 중의 하나였다. 결론은 음료수를 건네준 연구자의 친절도와는 전혀 무관했다. 불친절하게 말해도 음료수라는 작은 선물을 준 그룹이 상대의 부탁을 들어주는 비율이 두 배나 높았다.

작은 선물은 상대방의 마음과 감정을, 큰 선물은 상대방의 논리와 이성을 작동시킨다. 작은 선물은 상대적으로 부담이 적다. 그야말로 사소한 선물이기 때문이다. 하지만 이 작은 선물은 내게 무의식적으로 마음의 빚을 만들어, 상대에 대한 호감이 증가하고 부탁을 더 잘 들어주는 형태로 작용한다.

그러나 큰 선물은 상대방의 머리를 움직인다. 가격이나 정성이 더 클수록 상대에게 큰 심리적 부담을 준다. 동시에 내가 그 대가로 거래해야 할 손익을 계산하게 된다. 만약 상대방이 이유 없이 감사하다며 100만 원 상당의 시계를 선물했다고 하자. 선물을 받아 좋은 건 잠깐이고 '내가 이 사람한테 그만큼의 뭔가를 돌려줘야 할 텐데' 또는 '나한테 무엇을 기대하는 걸까?'라는 부담을 갖고 이성적인 잣대로 해석하려 든다. '혹시 돈 빌려달라는 거 아니야, 보증 서 달라면 어떡하지'라면서 말이다.

작은 선물은 가볍다. 단지 이 사람에 대한 호감도가 올라가는 상태에 머문다. 다시 정리하면 큰 선물은 '부담'의 감정을, 작은 선물은 '호감'이라는 감정을 촉발시킨다. 작은 감정의 차이 같지만 그 결과는 대단히 크다. 선택은 긍정의 감정에서 일어나기 때문이다.

그럼 우리 일상에 작은 선물을 어떤 식으로 접목해볼 수 있을까? 바로 뜻하지 않은 작은 선물을 하는 것이다. 추천할 만한 작은 선물은 피로회복 음료, 커피 기프트콘, 디저트 맛집의 베스트 3 등 작지만 정성이 느껴지는 것이다. 딱히 선물을 주기가 어려워 문자나 메신저로 대신한다고 해도 라이프모티프가 포함된 두 사람만의 의미 있는 감정이 담긴 지점을 공유하며 마음을 전하라.

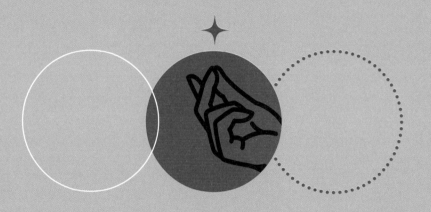

선택의 이유를 제시하라

우리가 내리는 선택은 저마다의 내적 이유를 가지고 있다. 그 것이 어떤 속성을 가지고 있고 나의 관심을 끌었기 때문에 선택받은 것이라고 말이다. 맞는 말이다. 하지만 보통 선택의 이유는 나의 내부에서 나온 것이라 생각하지만 실제로는 외부로부터 들어온 것들에 대해서도 마찬가지로 영향을 미친다. 누군가가 나에게 선택의 이유를 제시하는 것만으로도 영향을 받는다는 것이다. 중요한 점은 내부 요인이든 외부 요인이든 사람은 그 요인을 '선택'했다고 느끼는 순간 그 선택을 고수하는 특징을 갖는다는 사실이다.

이와 관련해서 스웨덴 룬트대학의 페터 조안슨(Petter Johansson) 박사 연구팀은 〈사이언스〉(2005. 10.)에 '선택맹(Choice Blindness)'이라는 흥미로운 실험을 소개했다. 이 실험의 내용은 피실험자 120명에게 두 명의 사진을 책상에 세워서 보여준 다음, 어느 쪽이 더 매력적인지를 선택하도록 하는 것이다. 피실험자가 사진을 지목하면 실험자는 들고 있던 사진을 바닥에 내려놓는다. 그리고 왜 이 사진을 선택했는지 설명해달라고 한다. 그런데 이때 트릭이 작동한다. 피실험자가 선택한 이유를 말하는 동안 사진은 바꿔치기 된다. 실험자는 피실험자가 설명하는 동안 자연스럽게 사진을 다시 들어 보여주는데 실제로는 다른 사진인 것이다.

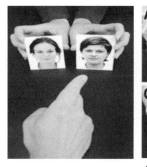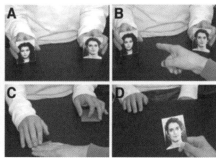

스웨덴 룬트대학의 페터 조안슨 박사 연구팀의 선택맹 실험
http://www.lucs.lu.se/Projects/ChoiceBlindness/

과연 피실험자는 "어, 제가 선택한 사람이 아닌데요? 사진이 바뀐 것 같아요"라며 사진이 바뀐 사실을 눈치챌 수 있을까? 실험

참가자들 중 과연 몇 명이나 사진이 바뀌었다는 사실을 알까? 당신은 얼마나 많은 사람들이 그것을 알아차렸으리라 예측하는가?

놀랍게도 변화를 알아차린 사람은 불과 10퍼센트였다. 십여 명을 제외하고 100명이 넘는 피실험자들은 자신이 고른 사진이 바뀌었다는 것을 전혀 눈치채지 못했다. 제시된 두 여자의 사진이 서로 비슷해서 이런 착각을 했을까? 어떤 사진은 제법 유사한 짝도 있지만, 전혀 아닌 짝도 있다. 오른쪽 아래 사진은 얼굴의 윤곽은 물론 머리카락 색깔마저 완전히 다르다.

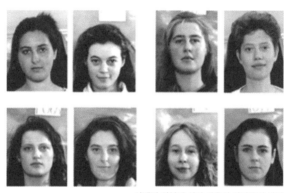

선택맹 실험에 실제 사용된 사람들의 사진

실제로 실험은 두 사진의 유사성을 낮은 수준에서 높은 수준까지 정량화했고 이에 근거해서 실험군을 피실험자에게 제시함으

로써 치우침을 막도록 했다. 다음 사진은 유사성 수치를 표시한 것
이다.

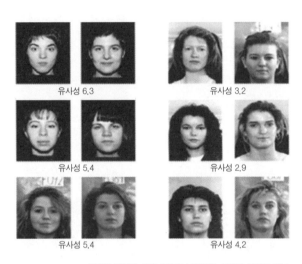

선택맹 실험에 실제 사용된 사람들의 사진과 유사성 정도

대조군의 유사성이 낮을수록 낮은 점수를 높을수록 높은 점수
를 부여했다. 유사성이 5를 넘어가면 제법 비슷하지만, 낮을 경우
에는 단번에 두 사람이 다르다는 것을 인식할 수 있다. 유사성 6.3,
5.4의 여성들을 보면 표정만 다소 다르다고 느끼는 수준이다. 반
면 유사성이 2.9인 두 여성을 보면 턱 모양에서부터 헤어스타일,
귀걸이까지 비슷한 것이 하나도 없다.

코 모양, 입술 모양도 완전 다르다. 그런데도 남자들은 2.9의 낮은 유사성을 가진 여자들이 서로 바꿔치기 됐다는 사실을 전혀 눈치채지 못했다. 진짜 당황스러운 지점은 바꿔치기 된 여성에 대해서도 처음 본인이 선택한 여성에게서 느꼈던 호감을 유지하고 있었다는 점이다. 자기가 좋아한다고 말했던 그 사람이 다른 사람으로 바뀌었는 데도 말이다.

사실 결과를 놓고 보면 당혹스럽지 않을 수 없다. 왜냐하면 우리가 누군가를 좋아하는 데에는 '그 사람이어야 하는 이유가 있다'라고 믿기 때문이다. 이유 없이 누군가를 좋아하지는 않을 테니 말이다. 그런데 사람이 바뀌었는 데도 호감을 그대로 느낀다는 부분은 도대체 어떻게 된 것인가? 이것은 우리가 느끼는 어떤 선택감정이란 것이 '특정 대상'에 맺히는 것이 아닐 수도 있음을 뜻한다. 이 현상은 사람이 '선택을 선택한다'라는 결론을 말해준다.

상대에게 선택의 이유를 제시하고, 선택의 이유를 물어라

이 연구가 가진 흥미로운 점은 두 가지다. 첫 번째, 사람은 특정 대상이어서 선택을 내리는 것이 아니라 '선택하고 싶었기 때문에' 선택한다는 점이다. 누군가를 사랑하는 이유도 그 사람만의 어떤 지점 때문이 아니라 내가 사랑하고 싶은 욕구를 가지고 있었기 때문에 그 욕구와 만나는 것을 선택한다는 것이다.

쇼핑의 경우도, 어떤 제품을 사는 이유는 그것만의 유니크굿함이 내포되었기 때문이기도 하지만, 그전에 내가 무언가를 사고 싶다는 '쇼핑 욕구'가 선행하고 있는 것이 중요한 점이다. 명품 가방을 원하는 것이 아니라 선행하는 어떤 욕구가 그것을 선택하게 만든다는 점이다.

두 번째는 나의 선택이 아니라 상대방이 제시한 선택에도 영향을 받는다는 것이다. 이 실험은 내가 A를 선택했고 B로 바꿔치기 된 상황의 인지를 알아보는 것으로 여겨지지만 사실은 상대는 나에게 선택의 이유를 제시하고 선택을 요구하고 있는 상황이다. 그런 다음 A를 선택하자 사진을 바꿔치기해 B를 선택했다고 생각하게 만든 다음 그 선택의 이유를 말해보라고 유도하고 있다. 즉 상대는 나에게 선택의 필요성을 유도했고 그 선택의 이유에 대해서조차 영향을 미친 셈이다. 쉽게 말하면 상대가 나에게 선택의 이유를 제시하고 선택을 유도하면, 나는 그 유도된 선택에 맞는 논리를 가질 수 있다는 놀라운 점을 보여준다.

우리는 분명 어떤 이유로 무언가를 선택한다. 그것이 지금 내게 필요하다고, 중요하다고 느꼈기 때문이다. 그리고 왜 그걸 선택했느냐고 질문을 받으면 마음속에 내재한 어떤 느낌을 논리적인 이유로 설명한다. 하지만 이미 이유를 생각하기에 앞서 선택이 유도된 것이라면 이미 그 선택은 상대방의 영향을 받고 있는 것이다. 이미 논리는 내 선택을 합리화하는 방향으로 수립되기 때문이다. 이게 무슨 해괴망측한 주장이냐고 말할지 모르겠다. 하지만 반대로 생각하면 핵심적인 선택의 전략을 발견할 수 있다.

거꾸로 내가 상대에게 나를 선택해야 하는 이유를 선행해서 제시하면 상대방 역시 그것에 영향을 받는다는 점을 보여주기 때문이다. 당하는 입장에서 생각하면 억울하겠지만 공략하는 입장에서는 대단히 유용한 전략인 셈이다.

결론은 한 가지다. 상대에게 선택의 이유를 제시하고, 선택의 이유를 물어라. 상대는 당신의 이유를 선택할 것이다.

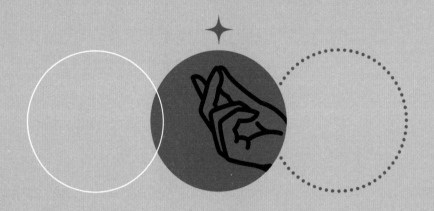

부정하고
하지 못하게 하라

지금부터 던지는 말에 절대로 답을 떠올리지 말아 보라. 2 곱하기 1은? 5 곱하기 6은? 7 곱하기 9는? 어떤 일이 벌어지고 있나? 자동으로 머릿속에서 답이 계산되고 있는 것을 경험할 것이다. 인간은 문제해결 본능이 있어 질문을 받으면 자동으로 생각하게 된다. 내가 틀린 답을 제시하면 즉시 수정하도록 만들어져 있다. '5 곱하기 6은 35'라고 하면 자동으로 30이라고 보정된다. 컴퓨터가 보급되어 기계의 연산 능력이 인간의 것보다 훨씬 우월하다며 인공지능과 로봇 시대를 걱정하지만 주목해야 할 것은 사실 인간의 문제해결 능력이 아니라 '문제해결 욕구'다. 인간은 끊임없이 새로운 것을 원하고 그것을 유형화시키며, 또 새로운 것을 원하는 지칠 줄 모르는 학습 기계라고 할 수도 있다. 그런데 이런 인간의 욕구를 억제시키면 자제되기는커녕 오히려 증폭되는 현상을 관찰하게 된다.

우리 몸의 혈관을 생각해보면 이해가 쉬울 것이다. 혈관으로 혈액을 비롯한 체성분들이 흘러다니는데 손으로 이를 누르면 압력에 의해 혈류 속도가 빨라지게 된다. 정상적인 흐름을 막으면 그 상태를 상쇄하기 위한 반작용이 일어나는 것이다.

유명한 생각 억제 실험이 있다. 사회심리학자 다니엘 웨그너(Daniel M. Wegner) 교수의 연구팀은 트리니티대학 학생 34명을 대상으로 〈생각 억제의 역설적 효과(Paradoxical Effects of Thought Suppression)〉라는 실험을 진행한다. 한쪽 그룹은 먼저 학생들에게 "5분 동안 떠오른 생각을 말하세요. 그런데 백곰에 대한 생각은 절대로 하지 마세요"라고 한 다음, 백곰에 대한 생각이 떠오르면 앞에 놓인 종을 울리라고 지시했다. 반면 또 다른 그룹에는 "먼저 백곰을 생각하세요. 그리고 백곰이 생각나면 종을 쳐 주세요"라고 지시했다.

결과는 어땠을까? 생각하지 말라고 지시한 그룹은 대단히 괴로워하며 5~10초마다 종을 울렸고, 백곰을 생각하라고 한 그룹은 30~60초마다 종을 쳤다. 왜 그런 걸까? 백곰에 대한 생각을 하지 않으려면 역설적이게도 백곰을 먼저 생각해야 하기 때문이다. 즉 무언가를 하지 않기 위해서는 무언가를 더 떠올려야만 가능하기 때문이다. 잊으려고 노력하면 할수록 더 생각나는 대상을 억눌러야 하는 고통을 지속하게 되는 것이다. 부정논리는 강화논리라는 이유가 이해될 것이다.

그런데 반면에 이를 잘못 활용하면 대형사고로 이어질 수도 있다. 의도와는 반대로 기억되고 선택되어버릴 수도 있기 때문이다. 당사자에게는 잊고 싶은 예가 될 수도 있겠지만, 19대 대통령 선거를 위한 후보자 TV토론회 때 안철수 당시 후보의 실수가 대표적인 사례라고 할 수 있다. 이른바 '갑철수'와 'MB아타바'가 그것이다. 안철수 후보는 문재인 후보에게 나를 MB아타바라고 부른다고 들었다. 내가 MB아바타인가 아닌가를 여러 차례 물었다. 또한 갑철수에 대해서도 내가 갑철수인가, 안철수인가를 여러 번 물었다. 문재인 후보는 이런 실수를 놓치지 않고 '뭐라고요? 잘 못 들었습니다. 다시 한 번'이라며 여러 번 그 말을 반복하도록 유도했다. 결과는 우리가 이미 알고 있는 그대로다. 안철수 후보는 국민들의 기억 속에서 갑철수와 MB아바타라는 프레임에 갇히게 되는 돌이킬 수 없는 사태를 만들었다. 기억하자. 인간은 부정논리를 인식하지 못한다. A와 Not A는 A와 More A와도 같다. 이를 잘 활용하면 도리어 상대방으로 하여금 나를 더 각인하고 기억하게 만드는 힘이 될 수도 있다는 점을 명심하자.

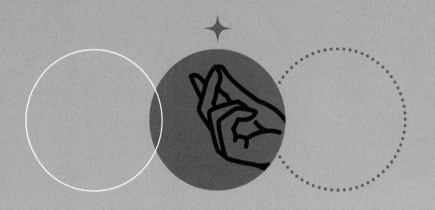

선택을 일으키는
세 가지 마법의 표현

앞서 인간이 무시하지 못하는 7가지 특성을 기억할 것이다. 새롭고, 차이를 주목하며 빠르게 대상을 인지하고 그것의 움직임을 파악한다. 그리고 그것이 쾌락이 될지 손해가 될지를 판단한다. 이런 특성은 생존을 넘어 번영의 시대로 접어든 지금에도 마찬가지 요소로 작동하고 있다.

당신은 어떤 사물이나 브랜드의 일부만 보여줘도 그것이 어떤 것일지 바로 짐작해낸다. 그것들이 어떻게 섞여 있어도 그 차이를 구분해내고 왜 그렇게 배치했을지도 짐작해낸다. 어떻게 그것이 가능할까? 그 이유는 인간이 '패턴의 동물'이기 때문이다. 유입되는 모든 자극을 새롭다고 느끼고 하나하나 반응하게 되면 정작 인간은 고려할 것이 너무 많아져 빠르게 대처하고 행동할 수 없게 된다. 이를 위해 처음에는 낯설게 받아들이고 주목하지만 이내 '아는 개념'으로 담아내서 에너지 반응을 최소화시키는 접근을 취한다. 즉 스케일프리네트워크(Scale Free Network)라는 고도화 방법을 사용한다. 자극을 패턴화하고 그것을 기존에 알고 있는 어떤 상위 개념에 담아내는 방법이다.

아이가 태어나면 처음엔 모든 소리에 반응하지만, 점차적으로 그 속에서 본인을 부르는 소리, 아빠 엄마를 구분하는 소리 등으로 '신호'와 소음을 구분하면서 필요한 신호에 더 반응하고 관련 없는 신호는 배경 소음으로 무시한다. 그래서 처음에는 소음처럼 느껴지던 주변의 소리 속에 패턴을 만들게 되고, 그것을 언어라는 개념으로 담아내고, 결국엔 언어로 사고하고 말하고 표현하는 등의 고차원적인 발달 단계를 거친다.

연애할 때를 생각해보자. 처음 사귀기 시작할 때는 상대의 일거수일투족이 모두 관심의 대상이고 그의 마음에 들기 위해서 다양한 생각과 행동을 하지만, 계속 그러면 지치게 된다. 결국 사귀기 이전에 신경 쓰던 '썸'은 내려놓고 두 사람이 함께 할 수 있는 무엇인가를 고민하는 단계로 넘어간다. 상대에 대해 소모하는 에너지도 훨씬 줄어든다. 그리고 결혼을 하게 되면 더 줄어든다. 이제 함께 살기 때문에 서로가 연애할 때의 관심보다는 아이를 가진다 거나 함께 살 집을 가꾸는 쪽으로 관심이 넘어가게 되는 것이다.

먼 옛날 풀숲에서 나는 익숙하지 않은 바스락 소리를, 혹시 천적이 숨어 있는 게 아닐까라고만 생각했다면 인간은 동굴에서 빠져나올 수 없었을 것이다. 인간은 소리의 패턴을 설정해 그것이 바람에 흔들리는 풀잎의 자연스러운 움직임인지, 위협적인 개체가 풀숲을 헤치고 나오는 것인지를 구분했다. 자동차를 몰 때, 2만 개가 넘는 수많은 부품으로 구성된 기계를 움직이지만 그 세부 구조를 하나하나 신경 쓸 필요는 없다. 단지 그것들의 많은 연결 구조를 담은 외부 접점인 액셀, 브레이크, 기어 정도만 인식하고 차를 움직이면 되는 것이다. 다시 정리하면, 결과적으로 새로운 것은 기존의 경험에 편입하면서 두 가지를 아우를 수 있도록 개념화시키는 것이 바로 스케일프리네트워크다. 그래서 아무리 복잡해져도 그 복잡성에 휘둘리지 않고 더 고도화된 형태의 사고를 만들어가는 것이다. 이 때문에 인간은 무한히 새로운 지식을 받아들이고 학습할 수 있다.

그런데 이런 특성을 반대로 이용하면 되려 사람의 마음을 붙잡아두고 선택하게 만드는 요인으로 활용할 수도 있다. 즉 익숙함으로 접근하는 것이 아니라 상대에게 새로움을 느끼게 만들면 되기 때문이다.

① 익숙한 방향을 역주행하기(Reverse):

흔히 일어날 수 있는 일로부터 일어나기 어려운 일로 접근하기

> 개가 사람을 물어서 병원에 입원했다고 합니다.

이 표현은 새로울 것이 없다. 개는 자주 사람을 물고, 빈번히 일어나는 사고이기 때문이다. 우리 뇌는 흔히 일어날 수 있는 이야기에는 별로 반응하지 않는다. 그런데 만약 반대 상황이 생긴다면 어떤 느낌인가?

> 사람이 개를 물어서 병원에 입원했다고 합니다.

사람이 개를 물었다고? 얼마나 세게 물었기에 병원에 실려간 거야? 그 사람 이상한 것 아냐? 때린 것도 아니고 물었다고? 개는 괜찮을까? 등등 다양한 생각이 일어날 것이다. 앞의 표현을 그저 반대로 풀었을 뿐인데 전혀 다른 느낌이다. 즉 A->B에 대한 경험 정보에 비해 B->A로의 경험 정보는 현저히 부족하다. 때문에 우리는 그 것을 새롭다고 느끼고 주목하게 된다. 다음의 표현도 마찬가지다.

> 옆집 할머니가 자기 집에서 굿을 했대.

이는 옛날 사람이니 그럴 수도 있겠다고 받아들일 것이다. 그럼 다음을 보자.

> 선생님이 학교에서 굿을 했대.

전혀 다른 느낌으로 와닿는다. 선생님이 굿을 했대나 학교에서 굿을 했대, 어떤 쪽 접근이든 일상적으로 경험할 수 없는 영역의 사실로 받아들여지기 때문에 우리 뇌는 자동적으로 그런 상황이 생겼음을 받아들이도록 반응한다. 왜 그런 건지, 사실인 것인지, 이를 사람들은 어떻게 생각하는지, 나는 어떻게 그것을 바라보아야 할 것인지 등에 대한 판단을 내리고 유형화하기 위해 에너지를 사용하게 된다.

[현실 직시]
큰소리치던 회사원은
어김없이 만원 지하철을 타고 퇴근하지만
고개 숙이고 사과했던 납품업체 사장님은
벤츠를 타고 퇴근한다.

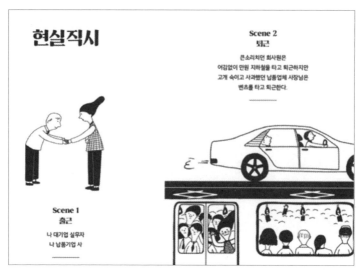

현실직시-출근/퇴근-《나는 아직 준비중입니다》

대기업 실무자와 납품업체 사장님의 상황을 보여주고, 이를 의도적으로 거꾸로 다시 표현하도록 하는 것만으로도 공감하게 만드는 맥락이 느껴질 것이다. 익숙한 것으로부터 그렇지 않은 것을 드러내는 것에 주목과 선택의 비밀이 숨겨져 있다.

필요할 때만 찾는 사람은
필요할 때 찾으면 없다.
– 필요불충분조건/일상탐험가

② 당연한 것에 전제달기, 단 If-Only-If

익숙한 방향을 반대로 풀어내는 것은 확실히 큰 효과가 있지만 그것을 구상하고 기획하는 입장에서는 다소 어려움이 있다. 왜냐하면 우리가 사고하는 방향을 의도적으로 트는 것이기 때문에 우리 역시 그런 접근을 편하게 할 수 있는 것은 아니다. 대신 더 쉬운 방법으로 주목하게 만드는 지점을 하나 소개하자면 바로 '단'이라는 전제를 붙이는 방법이다.

우리가 익숙하게 사용하는 표현 중의 하나로 '물은 100도씨에서 끓는다'가 있다. 물은 100도씨에서만 끓으며 99도씨까지 도달해도 끓는점에 도달하지 못함을 지적하며 마지막 1도씨의 노력을 강조할 때 흔히 사용한다. 대단히 의미 있는 표현이지만 누구나 쓰는 표현이기에 진부하다고 느껴지는 익숙한 '패턴'이다. 그런데 그것에 조건을 붙이면 전혀 다른 느낌으로 멈춰서 바라보게 만든다.

물은 100도씨에서 끓는다.

단, 1기압 조건하에서만.

— 이정욱

이는 사람들에게 단순히 마지막 1도씨가 채워질 때까지 '노력을 경주하라'는 일반적인 조언에 이의를 제기하는 것이다. 그것은 1기압이라는 조건에서만 성립할 수 있는 규칙이다. 무조건적으로 노력하라는 말 대신, 내가 처해 있는 환경에 알맞은 방법으로 노력이 필요하다는 전혀 다른 지점을 제시하는 것이다. 왠지 이 말을 들으면 메모를 해두고 싶지 않은가? 그렇지. 조건 보고 상황 보고 해야지라는 말이 더 설득력 있게 느껴질 것이다. 물론 이 표현도 익숙하게 듣는다면 진부하게 느껴질 수 있다. 그러나 반론의 조건을 제시하는 표현은 우리를 주목하게 만든다는 점을 잊지 말자.

"단, 1기압 조건하에서만. 단, 지구에서만. 단, 당신의 노력이 선행한다는 가정하에서만. 단, 당신이 좋아하는 것을 하는 분야에서만." 등 어떤 표현이든 조건을 붙여보라. 사람들이 오히려 이런 표현에 동참해 생각지 못한 다양한 조건을 달고 싶은 욕구가 일어남을 관찰할 것이다.

③ 왜냐하면의 마법을 사용하라

왜냐하면은 정말 중요하다. 왜냐하면이라는 표현을 듣는 것만으로도 우리는 바로 주목하는 모드로 경청하게 되기 때문이다. 왜냐하면 우리는 상대의 이야기나 상황을 어떤 범주에 넣으면 좋을지를 생각하기 때문이다. 왜냐하면 그래야 이 정보를 상황 판단에 효과적으로 활용할 수 있기 때문이다. '왜냐하면'은 가장 효과적이고 쉽게 쓸 수 있는 즉각적인 매직 워드다.

> 복사기를 먼저 써도 될까요? 왜냐하면 복사를 해야 하거든요.

같은 말을 반복하는 것에 불과하다. 그런데 당신이 이런 식의 부탁을 받게 된다면 일단 '네, 그러세요'라고 대답하게 될 것이다. 그런 다음에서야 뭔가 이상하다고 생각하겠지만 이미 늦었다. 도 대체 왜냐하면에 무슨 비밀이 있기에 이런 일이 생기는 것일까?

인간의 감정은 기저 감정과 자각 감정으로 구분된다. 문자 그 대로 기저 감정은 수면 아래 내면에 있는 감정이고, 자각 감정은 구체적으로 구분하고 정량화할 수 있는 형태의 감정이다. 행성의 중심에 있는 핵처럼 인간의 감정은 끊임없이 내면에서 흘러나오는 에너지의 근원이다. 그것은 생존을 위한 기본적인 욕구 위에 서 있고, 트라우마나 호기심의 원천이며, 미시감과 기시감이라는 선택의 감정으로 드러난다. 우리가 세상의 다양한 것들에 대해 주목하고 선택을 일으키는 감정은 구체적인 어떤 무엇(What)이 아니라 사실은 내면의 어떤 욕구와 바람에서 기인하는 것이다. 그러나 그 것은 대단히 추상적이기에 나 역시 그것이 무엇인지를 구분하기가 쉽지 않다. '너의 소명은 무엇인가? 너의 열정은 어떤 것이니?' 라는 질문을 받을 때 대답하기 어려운 이유가 구체화할 수 없는 것을 구체화시키기 때문이다. 좀 더 쉽게 설명하면, 우리가 흔히 듣는 '열정을 가져라, 창의성을 키워라, 소통해라' 하는 표현이 이에 해당한다. 이것은 어떤 것이 발현되는 상태를 말하는 것이다. 어떤 행동을 통해서, 어떤 상황을 통해서 마음속에서 꿈틀거리는 무언가를 느끼고, '아! 이것이 사랑이구나, 이것이 열정이구나'를 느낄 수 있다. 그런데 거꾸로 회의실이나 교실에서 그것은 무엇인가라고 묻고 한두 가지의 대답을 적어 발표하게 하면 그 속에서 열정의 실체를 만날 수 있을까? 이른바 장님 코끼리 만지듯한 상황이다.

그런데 우리가 상대의 선택을 위해 제시하는 것은 구체적인 어떤 대상이다. 표현하지 않으면 존재하지 않는 것과 마찬가지니까. 상대가 자각할 수 있는 무엇인가를 보여주고 그것을 선택하기를 바라는 입장에 서게 된다. 나조차 알 수 없는 내면의 어떤 선택의 감정을 일으키기 위해서. 이럴 때 상대방의 마음의 문을 여는 비밀 표현이 '왜냐하면'이다. 앞에서 한 '선택의 이유'를 선택한다는 말을 상기하자. 누군가를 선택하는 이유는 그 사람의 어떤 '무언가' 때문이 아니라 내 속에 있는 어떤 이유 때문이라는 사실을. 그 사람이기 때문에 사랑한 것이 아니라 사랑하고 싶었기 때문에 그 사람을 선택했다라는 표현처럼 말이다. 왜냐하면은 빗장을 열어버리고 만다. 다음의 표현을 보자. 누군가로부터 사람을 추천해달라고 부탁받았다고 하자.

> 이은영 씨요. 왜냐하면 일에 있어서는 타협할 줄 모르거든요. 자기 주관이 너무 뚜렷해요.

이 사람에 대해서 어떤 느낌이 드는가? 정확하게, 확실한 기준으로 일하는 사람이라는 생각이 든다. 그런데 왜냐하면을 빼보자.

> 이은영 씨는 일에 있어서는 타협할 줄 모르거든요. 자기 주관이 너무 뚜렷해요.

그녀에 대한 생각이 180도 다르게 느껴질 것이다. 부정적인 표현이라고 여겨지는 것에도 왜냐하면만 붙이면 신기하게도 선택의 이유가 된다. 이것이 왜냐하면의 힘이다. 선택의 논리를 받아들이도록 '감성'의 문을 열어내는 힘을 일으킨다. 사치앤사치의 대표 케빈 로버츠(Kevin Roberts)의 말처럼 이성은 결론을 낳지만 감성은 행동을 일으킨다. 감성으로의 통로를 이 방법으로 열어보자.

사례로 보는 선택의 기술

1. 자동차 회사, 숙박업체, 서점 그리고 당신의 고민

2. 세상에서 가장 특별한 명함

3. 선물의 세 가지 전략

4. 안경을 써야 하는 이유

5. 반응이 최고의 광고판이다

6. 입사를 원자는 자, 미션을 완수하라

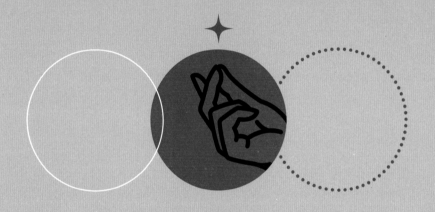

자동차 회사, 숙박업체, 서점
그리고 당신의 고민

후발주자 패러데이 퓨처는 어떻게 테슬라의 대항마가 되었는가?

자동차 시장은 에너지원의 변화와 함께 큰 요동을 경험하고 있다. 휘발유와 디젤이 지배하던 시장에서 하이브리드를 넘어 순수 전기차 시장이 본격 열리고 있는 상황이다. 자동차 회사들은 앞다퉈 300킬로 주행 성능의 전기자동차들을 선보이며 미래 자동차 시장을 선점하겠노라고 공언한다. 전기자동차가 첨단이라는 이미지 때문인지 대부분 지능형 운전보조시스템이 탑재되어 있어서 자동으로 앞차의 속도에 맞춰 따라가는 어댑티브 크루즈 컨트롤 기능과 각종 추돌 회피 기능은 물론 스마트폰으로 자동차를 제어하는 최신 기술을 선보이고 있다.

고객들은 급변하는 새로운 시장에서 어떤 자동차를 선택할까? 안타깝게도 유니크굿의 관점에서는 선택 요인을 찾기가 쉽지 않았다. 첫째, 각 사들이 내세우는 전기자동차의 주행거리는 크게 차이가 없다. 둘째, 디자인은 호불호의 문제로 경쟁우위의 압도적인 것으로 부각되기가 어려운 상황이었다. 자율주행도 마찬가지다. 완전자율주행 모델도 있지만 직접 타보기 전까지 실감하기는 어렵다는 단점이 있었다. 기존의 브랜드 경쟁 외에 전기자동차의 차별점은 어디에 두어야 하는 걸까?

테슬라는 바로 이 지점에서 유니크굿 요인의 구별성 가운데 카테고리 대표성 전략을 시도한다. 첫째, 테슬라는 전기차이지만 자동차를 구분하는 유니크 지점을 '전기차'가 아니라 '슈퍼카'로 잡았다. '전기차는 왠지 힘이 약할 것 같다'라는 선입견. 그러나 사실은 일단 엔진의 폭발행정 구조에 비해 바퀴에 모터가 직접 연결되어 있기 때문에 에너지를 직접 전달하므로 효율이 훨씬 좋을 수 있음을 사람들은 인지하지 못하고 있었다. 시속 300킬로미터의 KTX에 수백 명의 사람을 태운 기차도 전기의 힘으로 움직인다는 점을 생각해보라.

세계에서 가장 빠른 자동차는 무엇일까? 페라리 라페라리와

포르쉐 918 스파이더로 정지 상태에서 100킬로미터 주파 시까지의 도달 시간을 의미하는 제로백은 겨우 2.8초로 중력가속도보다 빠르다. 발진하는 느낌을 넘어 로켓을 발사하는 느낌이라고 사람들은 전한다. 그렇다면 테슬라는 어떨까? 2017년 7월에 공개한 퍼포먼스 모델 P100D는 겨우 2.5초다. 비슷한데? 라는 생각이 들겠지만 앞서 말한 두 브랜드는 현재 생산되지 않는다는 점을 감안하면 테슬라 퍼포먼스 모델은 세계에서 가장 빠른 제로백의 슈퍼카다. 테슬라는 세계 최강의 '제로백' 능력을 가진 자동차로 카테고리 대표성을 달성한 것이다.

그래서 전기자동차의 대명사는 명실공히 테슬라가 되었다. 테슬라는 경쟁사 대비 연비나 친환경을 강조하는 대신 세계 최고의 제로백(2.5초) 자동차를 만들어 전기자동차의 유니크굿을 알림으로써 독보적인 브랜드가 되었다. 그런데 여기에 또 하나의 대항마가 등장했다. 바로 중국계 자본 러에코(LeEco)를 모회사로 둔 패러데이 퓨처(Faraday Future)다.

세계 최대의 국제전자제품박람회 CES2017에 선보인 FF91은 자동차의 성능 관점에서 세상에 존재하는 모든 슈퍼카의 제원을 압도할 만큼의 수준을 확보했다. FF91의 힘은 무려 1050마력으로 기네스북에 이름을 올린 부가티 베이론 슈퍼 스포츠와 필적할 수준이고, 정지에서 100킬로미터까지 도달하는 제로백 타임은 테슬라보다 빠른 2.3초대를 기록했다. 특히 전기자동차 구매 시 가장 우려되는 지점으로 항상 거론되는 주행 가능 거리는 600킬로미터에 달하는 것으로 전기자동차 시대를 성큼 앞당기는 기폭제로 충분하다는 평가를 받았다. 패러데이 퓨처는 테슬라를 의식한 듯 테슬라가 내세우는 탁월성은 우습다는 듯 미래 자동차가 가져야 할 기본기 정도로 치부했다. 탄소배출 제로의 전기를 연료로 사용해야 하고, 자동 주행은 당연한 것이고, 항상 인터넷에 연결되어 있어야 하며, 탁월한 인공지능으로 운전자와 자연스럽게 의사 소통할 수 있는 인터페이스를 제공해야 한다는 것이다. 그리고 최고의 대안이 바로 그들의 FF91이라고 주장했다.

하지만 이러한 패러데이 퓨처의 특성은 카테고리 대표성을 획득하는 데는 역부족이다. 왜냐하면 앞서 소개한 모든 것들은 테슬라 대비 비교우위의 지점이기 때문이다. 뭘 하든 테슬라의 아류라고 불리기 때문이다. 물론 후발주자 입장에서는 그것도 충분하다 할 수 있겠지만 전체 자동차 시장에서 패러데이 퓨처만의 대표성을 찾기에는 부족했다.

패러데이 퓨처는 어떻게 이 문제를 접근했을까? 패러데이 퓨처는 테슬라와 마찬가지로 여느 자동차 회사들이 접근하는 비교우위 전략으로 자사제품을 광고하지 않았다. 대신 그들만의 카테고리 대표성을 선정하고 이를 부각시키는 지점으로 전략을 모았다. 바로 자동차를 모는 사람들의 가장 큰 고통 포인트(Pain Point)였다. 자동차 광에게는 이미 FF91의 무지막지한 제원은 구매 요인으로 충분했다. 하지만 그들이 공략한 것은 의외로 여성이었다.

여성들이 자동차를 직접 운전하고 다니는 데 있어 가장 큰 스트레스는 무엇일까? 아마 열의 아홉은 '주차'라고 대답할 것이다. 중요한 약속이 있는 날, 차가 막혀 당신은 간신히 약속 장소에 도착한다. 시간은 늦었고 마음은 급하다. 서둘러 약속 장소로 뛰어가고 싶은 마음이 가득한데 겨우 정체에서 벗어나니 이번에는 주차 대란이 당신을 기다리고 있다. 발레 파킹도 안 되고 급하게 주차할 장소를 찾아보지만 단 한 군데도 빈자리가 없다.

이럴 때면 한숨을 푹 쉬고 혼자 이런 말을 내뱉는다. "차! 아무데나 버리고 그냥 가고 싶다." 어떤가? 같은 경험에 고개가 끄덕여지는가? 다음 상황은 아마 남성보다 여성들이 더 많이 공감하지 않을까 한다. 초보운전 딱지도 떼고 이제 웬만큼 네비게이션 보기와 주행에 자신이 생겼다. 하지만 끝까지 발목을 잡는 것이 바로 주차다. 오죽하면 창피함을 무릅쓰고 처음 본 운전자에게 주차를 부탁하겠는가? 다른 차들의 무시를 받으면서도 오랫동안 초보운전 표시를 떼지 못하는 사연의 원인이 바로 주차다. 이렇듯 남녀노소, 국경을 초월해서 때때로 주차는 많은 사람들의 결핍 욕구를 자극한다.

만약 주차 걱정 따위를 아예 없앨 수 있다면? 특히 주차 보조가 아니라 누군가가 도와주는 발레 파킹이 가능하다면? CES2017의 무대에서 FF91의 주행보조와 자율주행 시스템 총괄 디렉터 홍 배(Hong Bae)는 무대에서 바로 이 카테고리 대표성 지점을 공략하는 시연을 핵심으로 제시한다.

FF91의 차주가 주행을 마치고 주차장 입구에서 멈춰 선다. 그리고 아무렇지도 않게 차를 버려두고 인도로 걸어나온 뒤 스마트폰으로 FF91 앱의 주차 버튼을 누른다. 여기에서 주목해야 할 점은 그는 차에서 완전히 내렸다는 것이다. FF91은 자기 혼자서 주차장의 빈자리를 찾아 코너를 돌더니 마치 사람이 차 안에 있는 것처럼 두 번째 코너에 빈자리 하나를 찾아내 주차를 마친다. 그러고선 주차를 완료했다는 표시를 주인에게 보내듯 차량 전면 보닛 위의 파란 불빛을 반짝거린다. 그 빛과 함께 사람들이 열광의 함성을 내질렀다. 일종의 무인발레파킹 서비스를 시연한 것이다.

이 장면에 관객들은 환호하고 마침내 새로운 자동차의 시대가 열렸다며 열광했다. 달리기 관점에서 자동 주행만 생각했던 시장에서 이제 완전한 자율 주차까지 새 장을 연 것이다. 패러데이 퓨처 측은 그런 다음 남자들이 열광하는 제로백 타임을 직접 확인할 수 있도록 했다. 페라리, 테슬라를 비롯한 최강의 경쟁 모델을 시연용 무대에 올려 눈앞에 펼쳐 보임으로써 이들의 말이 그저 구호가 아님을 느끼게 만들어주었다. 남자들의 반응이 어땠을지는 상상에 맡기겠다.

시연이 끝난 뒤, 패러데이 퓨처는 2018년에 출시 예정이었던 FF91의 예약주문을 받았다. 사전 계약금은 5000달러. 결과는 어땠을까? 단 36시간 만에 무려 6만 4124대나 계약을 완료했다. 우리 돈으로 3855억 원에 달하는 금액이다. 차량 가격이 1억 5000만 원 정도로 추정되니 계약 취소를 어느 정도 감안한다 해도 FF91은 무려 10조가 넘는 가치를 입증해 보인 것이었다.

이들은 일론 머스크처럼 언론과 대중의 화려한 스포트라이트 효과를 받을 플레이어도 없었고, 러에코처럼 중국계 자본이라는 선입견 핸디캡도 있었지만 단숨에 세계에서 가장 혁신적이고 매력적인 자동차 브랜드로 우뚝 선 것이다. 물론 패러데이 퓨처의 전기차 양산이 실제 가능한 것인지에 대한 의구심은 큰 상태다. 재정난으로 인한 협력 회사들과의 소송과 CES 박람회 프레젠테이션 마지막 부분에서 뜻하지 않게 발생된 기술 오류 등으로 실제 패러데이 퓨처의 양산이 가능한지 여부는 불투명하다.

하지만 전기차 시장에서 3년 안에 테슬라를 잡겠다며 공개 선언한 설립 1년차에 불과한 신생 벤처기업은 단숨에 테슬라의 대항마가 되어 대중과 언론의 엄청난 관심을 받았다. 구별성, 상호성, 탁월성이라는 유니크굿 전략의 3가지 구성 요소를 충실히 따른 결과다.

숙박업체의 고민

국내에서도 야놀자, 여기어때 등 대표 숙박 플랫폼들이 자리 잡았고, 해외에서도 에어비앤비 같은 글로벌 숙박 공유 서비스들이 인기를 누리면서 기존 숙박업체들의 고민이 깊어지고 있다. 튀지 않으면 살아남기가 더욱 어려워진 것이다. 선택의 대안이 많아지면 사람들은 유니크굿을 선택하기 때문에 비슷한 것들의 대표 주자 외에는 점차 눈에 띄기가 어렵다. 만약 당신이 이런 고민이라면 어떤 시도를 해봐야 할까?

이와 관련해서 일본의 사례가 흥미로울 것 같다. 일본에는 소위 코인 호텔이라는 곳이 많은데 저렴하지만 불필요한 것을 과감

하게 제거해서 실용성을 강화한 형태의 호텔이다. 가격은 우리 돈으로 5만 원에서 10만 원선으로 저렴한 편이다. 이중에서 북 앤드 베드(Book and Bed) 호텔은 대단히 인상적이다. 이곳에 들어서면 마치 도서관에 온 것 같은 착각에 빠진다. 예쁜 서가들이 늘어서 있어 도서관인가 싶으면 바로 서가와 서가 사이로 침실이 보인다. 오래된 책 냄새와 따뜻한 조명, 그리고 다락방 같은 느낌의 작지만 아늑한 침대. 이 속에서 그간 읽고 싶었던 책을 서가에서 꺼내와 밤새 읽는 낭만에 빠질 수도 있다. 나도 북 앤드 베드 호텔을 들어서는 순간 짐 푸는 것도 잊은 채, 이 공간을 사진으로 담아내고 지인들과 SNS에 공유하느라 정신이 없었던 기억이 생생하다. 상상이 가는가? 이곳은 단순 호텔을 넘어 관광객들 사이에 명소가 되었다.

나인 아워스(Nine Hours) 호텔도 대단히 인상적이다. 이 호텔은 미래에 온 듯한 느낌의 큐브 호텔이다. 이름 때문인지 이곳 역시 방문한 나의 느낌은 영화 〈큐브〉의 세트장을 옮겨온 것 같았다. 화성을 향한 여행처럼 오랜 시간의 여정을 위해 모든 불필요한 것은 바깥의 로커에 두고, 오직 깊은 수면을 취하는 데 집중할 수 있는 공간이다. 실내에는 적당한 조명과 시원한 느낌의 공기 시설, 깨끗하고 빠닥빠닥한 느낌의 베개와 이불 세트로, 딱 청정 구역에 누워 있는 느낌이다. 바깥으로 나 있는 커튼만 내리면 완전히 고립된 나만의 공간이 된다. 이용하기 전에는 이런 큐브 스타일의 공간이 혹시나 답답하지 않을까 싶었지만, 입구에 들어서는 순간 '완전 멋진데!' 하며 감탄사가 흘러나왔고 역대급으로 가장 깊은 숙면을 취했던 경험으로 기억된다.

서점의 고민

국내 서점의 벤치마킹 1호가 되고 있는 츠타야 서점은 어떠한가? "요즘 책을 누가 사? 그것도 오프라인 매장에서!"라며 사람들은 출판과 서점의 쇠퇴를 이야기했다. 그렇다면 사람들을 어떻게 오프라인 매장으로 불러올 수 있을까?

일본의 츠타야 서점은 이 지점에서 새로운 접근으로 주목을 받았다. 츠타야 서점은 서적을 다루는 문화 유통 기업이라는 색깔 대신 '라이프스타일' 컴퍼니로 자신의 카테고리를 세분화했다. 기존의 서점은 지극히 공급자와 공급 생태계 관계 중심이다. 경제경영, 자기계발 등 콘텐츠의 총서 분류 방식에 따라 서점의 구획이 나뉘어 있고 신간, 베스트셀러 등 많이 팔리는 책이나 광고 제품이 독자들의 선택을 압도하는 형국으로 매장이 구성되어 있다. 하지만 이것은 이용자의 카테고리 접근법이 아니다.

사람들은 어떤 책을 볼까 하고 굳이 시간과 비용을 들여 오프라인 서점을 찾지 않는다. 인터넷이나 스마트폰 앱으로 손쉽게 세부 내용들을 들여다보고 주문하면 포인트 적립과 함께 편안하게 받아볼 수 있는 시대에 살고 있기 때문이다.

대신 공간을 통해서 기대하는 것은 어떤 특별한 경험일 것이다. 그것은 오프라인 현장에서만 가능하다. 즉 편안하게 휴식을 취할 수 있는 곳, 만나서 담소를 나눌 수 있는 곳, 여행이나 취미 등 어떤 활동을 위한 도움을 받고 싶은 곳과 같은 '경험'과 관련된 목적을 원한다. 그래서 이러한 문화 공간은 '물건'을 사는 곳이 아니라 '경험'을 사는 곳으로 보아야 더 정확한 접근일 것이다. 그래서 이런 시대에 발맞춰 츠타야는 라이프스타일을 편집하는 문화 기획사로 서점의 카테고리를 규정한다.

얼마 전 도쿄 출장에 다이칸야마와 시부야에 위치한 츠타야를 만나러 갔다. 초기에는 이름으로만 그 유명세를 알고 있던 터라 서점의 느낌을 비교 판단하리라 마음먹고 그곳에 갔다. 그리고 순간 나는 내 눈을 의심했다. 서점이라는 공간의 기대 콘텐츠를 만나보기도 전에 이런 생각이 들었기 때문이다.

'여기는 고급 레스토랑인가?'

세련된 조명과 사람들이 바에 앉아 담소를 나누는 모습, 그리고 수많은 와인들이 먼저 눈에 들어왔기 때문이다. 지금은 많이 알려졌지만 이곳을 처음 방문한 나에게 첫 느낌은 신선한 충격이었

다. 사실 우리나라에서 서점에 가는 목적은 무엇인가? 책을 사러 가거나 문구를 사러 가는 목적성 구매가 보통이다. 하지만 이곳에 들어오는 순간 나도 모르게 이런 느낌이 내 안으로 스며든다. '나도 괜찮은 라이프스타일을 가진 세련된 도시인이야!'

절대 온라인 서점이나 전자책으로 느낄 수 없는 강력한 경험이다.

그래도 일본까지 왔는데 서점으로서의 면모도 찾아봐야 하지 않을까! 공간 가운데 책을 판매하는 도서 큐레이션 코너들을 관찰한다. 일본어를 모르니 뭘 자세히 살피기도 어렵겠다는 생각을 했지만 곧 그런 의문조차 잊은 채 온갖 책을 열어보며 감탄사를 연발

하는 나를 발견한다.

예를 들어 여행서적이라고 하면 흔히 우리나라 서점의 경우 도쿄, 홍콩 등 어떤 공간을 주제로 하는 여행 총서류의 책들이 가득하지만 이곳은 달랐다. 책의 큐레이션 자체가 그야말로 라이프스타일이었다. 고양이, 도깨비, 불상, 신사, 요미우리 자이언츠, 슬램덩크, 남자를 위한 대

책, 어떤 사진가나 건축가 등 지극히 구체적인 주제들을 바탕으로 그와 관련된 경험의 지점들이 각각의 책들로 가득 담겨 있었다. 그러다 보니 어느새 보물찾기 같은 느낌으로 내가 좋아할 만한 주제가 없나 하고 한참을 들여다보게 되었다. 심지어 책을 찾아보다가 불현듯 〈브루터스(BRUTUS)〉라는 남성 라이프스타일 잡지의 '걷자' 편을 보고는, 갑자기 일본의 여러 지역을 걸어서 여행하고 싶다는 생각이 물밀듯 밀려오는 느낌에 당황했다.

그런데 더욱 놀라운 점이 있었다. '어라, 이거 2013년 게 어떻게 여기에 있지?' 그 잡지는 2013년 5월호였다. 이해가 가는가? 신간 위주로, 팔리는 책 위주로 되어 있지 않고 라이프스타일이라는 관점의 다양한 주제들이 한데 어우러지는 큐레이션이 중심인 것

이다. 물론 팔리지 않는 책을 굳이 전시할 이유는 없다. 그러나 시간의 흐름과 상관없이 꾸준하게 특정 주제들로 사랑받을 수 있는 경험의 주제들이 큐레이션되어 있는 것이다. 바로 이런 곳이 츠타야였다. 공급자 생태계 중심의 시장으로 베스트셀러가 아니면 살아남기 어려운 국내 서점 현실을 생각했을 때 츠타야는 기존의 서점이라는 카테고리에 '라이프스타일'을 특화해 카테고리 대표성 전략을 취한 것이다. 과도한 일반화일 수 있겠으나 그것이 많은 이들이 츠타야를 이 분야의 대표주자로 인식하는 이유일 것이다.

이뿐만 아니었다. 여성과 관련된 잡지, 에세이, 소설뿐 아니라 전혀 상관없어 보이는 메이크업 관련 소품, 액세서리, 심지어 종이로 뜯어 만드는 공작품까지 모두 한곳에서 만나볼 수 있었다. 이것을 단순한 진열의 차이라 말할 수 있을까? 그래서 나는 말도 통하지 않는 일본의 서점에서 우리나라에서도 사지 않을 여러 가지 책과 소품을 샀다.

그리고 서점 중앙 와인바에서 칵테일도 한잔 마셨다. 서점에서 책을 산 게 아니라 문화 공간에서 라이프스타일을 산 느낌이었다. 서점에서는 돈을 안 쓰지만 내 라이프스타일을 제안해준 곳에서는 기꺼이 지갑이 열린 것이다. 그 한 번의 경험으로 내게 라이프스타일숍 하면 가장 먼저 떠오르는 곳은 바로 츠타야 서점이 되었다.

츠타야는 서점을 넘어 라이프스타일 분야의 카테고리 대표성을 갖게 된 것이다. 문화와 라이프스타일 분야의 카테고리 대표성을 확보한 츠타야 서점은 이러한 카테고리 대표성 전략 이후 어떻게 되었을까? 더 이상 34년 전 35평 규모로 시작한 작은 서점이 아니다. 일본 내에만 1500개가 넘는 매장과 무려 6000만 명에 이르는 회원을 확보한 대표적인 선택의 기업이 되었다.

개인의 고민

이미 모든 카테고리는 경쟁자들이 선점했다. 나는 후발주자이고 또 도대체 어디서부터 카테고리를 잡아 선점할지 잘 모르겠다. 이런 상황에서도 카테고리 대표성 전략을 활용해 문제를 해결할 수 있을까? 개인의 고민은 그 범위가 다양하고 또 각자 처한 상황이 다르기 때문에 지극히 개인적인 나의 사례로 이야기해보고자 한다. 나는 사업가이자 책을 쓰는 작가, 강연자, 그리고 칼럼을 쓰는 칼럼니스트다. 나는 무엇으로 카테고리 대표성을 가질 수 있을까? 어떻게 이 전략을 한 개인에게 적용할 수 있을까?

사업가로 치면 나보다 훨씬 큰 규모의 엄청나게 많은 회사들이 있다, 베스트셀러 작가를 비롯한 수많은 작가들, 그리고 강연자들, 유명 칼럼니스트, 이미 유명하고 대단한 사람들이 넘치는데 어떻게 여기서 내 카테고리를 잡고 대표성을 가질 수 있을까?

나는 커리어의 시작을 유통기업에서 했다. 인사담당자로 교육담당자로 기획자이자 마케터로 나에게 주어진 업무를 하는 대기업의 평범한 과장이었다. 이런 지점에서 나를 대표할 수 있는 것은 무엇일까? 앞서 말한 대로 인사담당자, 교육담당자, 기획자, 마케터 무엇을 하든 그것은 나를 대표하는 카테고리라고 하기 어렵다.

우리나라에 이 분야의 얼마나 많은 사람이 있을까. 가끔 대학생을 멘토링하다 보면 생각 외로 많은 친구들이 "저는 훌륭한 마케터가 되는 것이 꿈입니다"라고 말하는 것을 듣는다. 그러면 내가 다시 "마케팅이라는 영역은 마치 동해바다처럼 넓은데 어떤 분야에서 훌륭함을 갖고 싶으세요?"라고 물으면 당황하는 기색이 역력하다. 단어도 멋있고 분야도 매력적이지만 그 속에서 내가 대표성을 띨 수 있는 분야는 무엇일까를 생각해본 적이 없기 때문이다. 마케터가 꿈이라면 그 속에서 내가 가질 수 있는 세부 카테고리를 쪼개고 쪼개 보고, 또는 이종의 카테고리를 가져와도 보고 다양한 나만의 것을 계속 고민해야 한다.

나 역시 대기업의 임직원으로 내세울 수 있는 것이라곤 회사이름밖에 없었다. 정작 그 회사 이름을 떼고 나면 내게 남는 것은 무엇일까. 나의 직급도 떼고 나면? 인사담당자? 그게 나의 전문성과 대표성으로 살아갈 수 있게 하는 지점이 맞을까? 정말 그럴까? 교육담당자는 어떠한가? 결국 내가 속한 기업 없이는 할 수 없는 일이었다. 이런 관점에서 나 개인을 대표할 수 있는, 그리고 지금까지 내가 해온 일의 정체성을 담을 수 있는 분야는 무엇일까? 그렇게 해서 내가 자른 분야가 바로 '선택'이다.

내가 하는 일은 대한민국에서 가장 많은 선택을 받는 기업의 '선택을 다루는 전문가'로 카테고리를 재정의한 것이다. 나는 어떤 회사의 담당자로서가 아니라 선택 전문가로서 이 회사의 교육을 기획하고 사람을 선택하고 전략을 수립하는 일을 하는 사람이라고 스스로를 정의 내린 것이다. 이런 관점에서 나의 지난 길은 이제 새롭게 태어난다.

내가 속한 회사도 재정의한다. 나는 커리어의 시작을 대한민국의 대표 '선택의 기업'에서 시작했다. 그곳에서 10년 넘는 시간을 현장의 선택과 함께 보냈다. 그리고 선택의 기업 임직원들이 더 많은 선택을 받을 수 있도록 교육하는 일을 했다. 그리고 그 선택의 기업에서 일할 사람들을 선택하는 일을 했다. 수많은 사업가와 비즈니스맨, 작가와 강연자가 있지만 나는 '선택'이라는 카테고리의 대표주자로 재정의를 내린 것이다. 그래서 최고 수준의 선택 관련 연구들을 분석하고 검증하며, 프로젝트를 수행했고 관련 칼럼을 쓰고 방송을 했다. 그렇게 나만의 카테고리를 잘라 그곳에서 대표 주자가 되기 위한 활동들을 꾸준히 해나가는 것이다. 나를 어떻게 정의하는지에 따라서 나의 커리어는 완전히 다시 태어날 수 있다.

이렇게 카테고리 대표성은 선택을 부르는 가장 강력한 동인이다. 혹시 어떤 대상 앞에서 선택을 망설일 때, 그것이 그 분야의 1등이란 것을 듣고 바로 선택한 적이 있는가? 내가 선택하고자 하는 카테고리의 대표라는 것만큼 내 선택의 안전함을 만들어주는 증거가 없다. 그런 의미에서 선택받고자 할 때는 최대한 카테고리를 자르고 잘라 내가 1등 할 수 있는 영역을 만들고 거기의 대표성을 갖는 것이 중요하다.

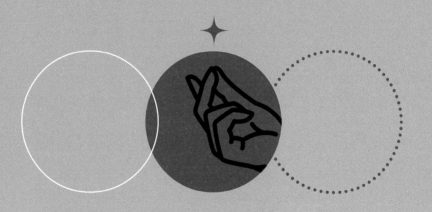

세상에서
가장 특별한 명함

나의 현재와 미래를 알려주는 명함

비즈니스로 상대와 처음 만나면 우리는 습관적으로 명함을 주고받는다. 명함을 받는 순간은 그 종이를 귀한 존재 대하듯 조심스레 받아 들고 명함을 자세히 들여다보는 시늉을 한다. 그러나 명함이 지갑이나 주머니 속에 들어가고 난 다음에는 보관함 어딘가 또는 휴지통 어딘가에서 잊혀지는 것이 보통이다. 사람들이 서로 모여 자기소개를 하는 상황을 떠올려보자. 그 상황에서 나는 어떤가? 정작 '나는 무슨 말을 하지?'라는 생각을 하느라 상대의 이야기를 전혀 듣지 않게 된다. 자기소개 상황과 마찬가지로 명함 역시 서로를 소개하고 좋은 인상을 남기기 위한 목적이나 마찬가지 운명에 처하게 된다. 단, 인간의 나르시시즘을 활용한 명함이라면 이야기가 달라진다.

다음에 세 가지 명함이 있다. 내가 사람들을 만날 때 사용하는 명함이다. 보통 하나의 명함을 쓰게 마련인데 나는 세 가지 버전을 사용한다. 왜 세 가지를 사용할까? 이유는 상대방의 선택 때문이다. 상대를 만나면 보통 자신이 갖고 있던 명함 하나를 주지만 나는 세 가지를 모두 보여주며 어떤 명함이 제일 마음에 드는지 선택하라고 한다. 그러나 이 명함은 신중하게 골라야 한다. 왜냐하면 어떤 명함을 선택하느냐에 따라 현재 자신의 심리 상태는 물론 성향과 미래의 운명까지 점쳐줄 수 있다고 말하기 때문이다.

"여기 제 명함 세 개가 있는데요. 지금 본인 눈에 딱 들어오는 걸 고르시면 돼요. 이 명함으로 여러분의 현재 상태를 제가 파악할 수 있거든요."

실제로 나는 타로마스터다. 이 사실을 언급하면 대부분의 사람은 갑자기 정색하며 명함을 고르는 데 상당한 에너지를 갖고 들여다본다. 당신도 선택해보라. 어떤 명함이 제일 마음에 드는가? 단, 한 가지만 골라야 한다. 이 명함은 그저 그런 단순한 명함이 아니다. 고르고 나면, 내가 당신의 현재 심리 상태는 물론 가까운 미래를 알려줄 수 있다. 그런 다음 이 명함에 숨겨진 선택에 관한 '비밀'을 다시 알려주겠다. 나는 정말 타로마스터이기 때문에 내 말을 믿어도 좋다. 정말 맞는지 아닌지는 나의 해석을 보고 판단해보고, 이 내용을 주변의 지인에게도 보여주며 검증해보기 바란다. 오래 생각할 필요 없다. 보고 딱 와닿는 느낌을 선택해라.

① 첫 번째 명함을 선택한 사람

당신은 관운을 가지고 있는 사람이다. 회사의 경우 임원을 넘어 경영자가 될 수도 있는 사람이다. 지금도 어쩌면 회사나 어떤 조직, 어떤 커뮤니티의 리더로서 여러 사람들을 이끄는 사람일 가능성이 높다. 크게 될 사람이니 당신과 친하게 지내는 게 좋다. 본인의 이름이 곧 보증수표이며 맡은 바 책임을 피하지 않는 신뢰의 아이콘이기도 하다. 반대로 그렇기 때문에 늘 무거운 책임감을 안고 마음속의 어려움을 혼자 감당하는 경우가 많다.

② 두 번째 명함을 선택한 사람

유감을 표한다. 이것을 선택한 사람에게는 현재 위로가 필요한 상태일 가능성이 높다. 마음속에 여러 가지 어려운 생각들이 가득해서 심적으로 어려움을 겪고 있는 사람일 가능성이 높다. 당신이 직면한 문제는 그리 간단하지가 않아서 이렇게 하면 저것이 문제고, 저렇게 하면 이것이 문제이다. 나의 생각이나 결단만으로 되는 상황이 아니라서 더욱 답답하고 한숨이 나오는 와중에 있다. 심리적으로 휴식이 필요하고 나를 다른 환경에 보내주는 것이 도움될 수도 있다.

③ 세 번째 명함을 선택한 사람

당신은 지극히 크리에이티브한 사람이다. 자기 색깔이 분명하고 톡톡 튀는 개성과 남들이 하지 않는 생각들을 일으켜내는 특별한 재주가 있다. 하지만 그렇기 때문에 조직에서는 쉽게 인정받기 어렵고 갈등의 지점이 있는 사람이다. 그래서 보통은 자신의 재능이나 생각들을 숨기며 다른 새로운 일을 몰래 도모하고 있을 가능성이 높다.

어떤가? 당신이 선택한 명함과 성향이 맞는 것 같은가? '아, 정말 그래그래! 나 지금 그런 상태야!'라며 해석 결과를 용하다고 생각할지 모르겠다. 또 일부의 어떤 사람은 '글쎄 잘 모르겠는데?'라고 할 수도 있겠다. 하지만 눈치챘는가? 이 명함에 숨겨진 비밀을. 이것은 지금까지 당신이 받아본 명함 중에 가장 오랜 시간 들여다보고 고민하며 생각했을 명함이 되었을 것이다. 사실 그것은 나의 소개를 담은 명함인데 정작 다른 누군가의 정체성을 담은 대상을 이처럼 오래 관찰해본 적이 별로 없을 것이다. 이 지점을 이해한다면 우리는 선택과 기억에 관한 새로운 관점을 발견할 수 있다.

명함 속에 '상대'를 담다

명함은 나의 기본 정보를 알려주기 위해 사용된다. 그래서 명함 제작 시 우리는 다양한 표면 질감, 다양한 디자인으로 상대에게 기억될 수 있는 방법을 시도하곤 한다. 반면 거듭 말하지만 우리는 상대방에게는 관심이 없다. 내가 필요할 때 생각할 뿐이다. 그래서 그 모든 것들보다 압도적인 효과를 일으킬 수 있는 시도는 바로 그 안에 내가 담기게 만드는 것이 중요하다. 사람은 늘 자신을 알고 싶어하고, 미래를 그려보고 싶어하며, 상대에게 자신이 어떤 느낌인지를 알고 싶어한다. 만약 그 명함으로 '내가 좋은 사람이구나'를 인지하게 된다면, 당연히 상대와도 좋은 관계를 형성하고 싶다고 무의식적으로 생각할 가능성이 높아질 것이다. 인지상정이니까.

이처럼 명함 하나만으로 여러분은 상대와의 특별한 관계를 만들 수 있다. 마찬가지로 이런 관점에서 여러 가지 시도를 해볼 수 있을 것이다. 명함에 타로카드를 그려서 생각해보게 할 수도 있고, 포춘쿠키처럼 오늘의 운을 보여주어도 되고, 심리 테스트 관련 질문이나 명함을 주고받은 사람과의 '궁합'이나 '합'과 같은 엉뚱하지만 재미있을 요소를 사용해볼 수도 있다. 그러면 서먹했던 관계도 순식간에 화기애애해지고 짧은 시간에 상대와의 라포(rapport)를 형성하는 데 성공할 수 있다. 이것은 감정이 수반된 경험이었기 때문에 무언가 필요한 순간 생각나는 바로 그 사람이 될 수도 있는 것이다.

달라이 라마는 이런 접근을 '행복한 이기심'이라고 불렀다. 어떻게 하면 내가 상대에게 인정받을까를 고민하는 대신 '이 사람이 행복해지면 좋겠다. 이 사람이 오늘 나로 인해 더 편안해지면 좋겠다'라는 마음을 가지면 정작 내가 행복해지고 편안해진다는 것이다. 왜냐하면 그런 마음은 내 안에서 일어나는 것이기 때문이다. 우리는 모두 자기 자신을 의식하고 자신이 주목받기를 원한다. 때문에 한 걸음 더 나아가서 상대의 그런 마음을 나를 통해서 실현할 수 있는 방법을 열어준다면 나는 상대의 일부로 자연스럽게 받아들여질 수도 있다.

모두가 자기를 바라보는 대신 서로가 상대를 바라보게, 즉 상대가 나를 바라보게 만드는 방법이다. 이렇게 명함 하나만으로 유니크굿한 관계와 선택을 만드는 방법을 소개했다. 꼭 한 번 시도해보기를 권한다.

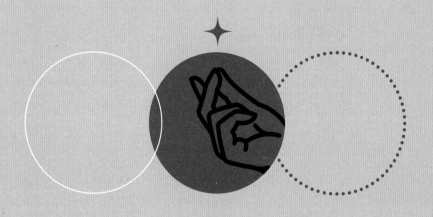

선물의
세 가지 전략

앞에서 작은 정성, 작은 선물의 효과에 대해 알아보았다. 작은 선물은 감정을, 큰 선물은 논리를 움직인다. 때문에 작은 선물을 통해 선택의 효과를 배가시켜보자. 그래서 이번에는 그 작은 선물의 효과를 훨씬 배가시킬 특별한 기술을 소개하겠다. 세계 석학들의 연구 가운데 우리가 실생활에서 적용하면 정말 좋을 세 가지 아이디어를 공유하고자 한다. 안심하라. 비용은 전혀 들지 않거나 미미하다.

포스트잇 효과를 활용하라

샘휴스턴 주립대학교의 랜디 거너(Randy Garner) 교수는 2005년 〈포스트잇 노트의 설득 효과(Post-It Note Persuasion: A Sticky Influence)〉라는 논문을 발표했다. 랜디 교수는 학교의 풀타임 교수 150명을 선정해서 다소 쉽지 않은 유형의 설문지를 나눠준 후 그 응답률을 조사했다. 이때 설문지는 세 가지 방식으로 제공되었는데 그룹 1은 설문지 위에 응답을 바란다는 메시지가 적힌 포스트잇을 붙였고, 그룹 2는 그 메시지를 설문지에 직접 적은 형태로 제공했다. 그리고 세 번째 그룹에는 아무것도 적지 않은 채 제공되었다. 포스트잇에 써서 요청을 하느냐, 그냥 적어서 부탁하느냐, 아니면 그냥 부탁하느냐, 이 세 가지 방식은 상대의 응답률에 어떤 영향을 주었을까? 과연 이 작은 차이로 인해 응답률에 의미 있는 변화가 있었을까?

그룹 1
설문지 위에 응답을
바란다는 메시지가
적힌 포스트잇을 붙임

그룹 2
응답을 바란다는
메시지를 설문지 위에
직접 적은 형태로 제공

그룹 3
아무것도
적지 않은 채
설문지만 제공

정답부터 말하면 차이는 꽤나 놀라울 정도였다. 아무것도 붙이지 않고 부탁한 그룹의 응답률은 36퍼센트, 종이에 메모로 부탁한 그룹은 48퍼센트였다. 반면 포스트잇에 메모해서 부탁한 그룹의 응답률은 무려 76퍼센트였다.

포스트잇 방식은 아무것도 적지 않고 부탁했던 경우에 비해 두 배 이상의 효과를 보인 것이다. 물론 종이 위에 직접 작성해서 부탁할 때도 그렇지 않은 경우에 비해 더 효과가 있었으니 포스트 잇이 없을 경우엔 이것 역시 시도해볼 만한 의미 있는 방법인 셈이다. 여기서 들여다볼 것은 이 세 가지 방식이 상대에게 다가가는 느낌의 차이다. 포스트잇에 썼다는 것은 그만큼 추가적인 정성을 기울인 느낌이 무의식적으로 들게 되고 그것에 대한 선호도나 마음이 더 많이 설득당한다는 것이다. 알고 나면 당연한 거 아니냐고 하겠지만 이것을 직접 실험으로 입증했다는 점에서 믿고 사용해도 좋은 방법으로 권할 만하다.

때문에 선물을 주는 상황이라면, 주변에서 흔하게 구할 수 있는 포스트잇을 잘 활용하기 바란다. 센스 있다는 반응을 듣는 것은 물론 선물의 질을 훨씬 높여주고 받는 사람에 대한 호감도도 크게 증가시킬 수 있는 가성비 최고의 방법이다. 아예 선물과 포스트잇은 한 세트라고 생각하라. 포스트잇을 붙이면 흔한 바나나 우유 한 개가, 쿠키 한 통이, 스티커 한 장이 멋진 변신을 한다. 사소한 물건 포스트잇이 가진 커다란 힘을 누려보라.

그래서 선물할 때 꼭 포스트잇에 짧게라도 적어서 건넨다.

물건의 가격이나 종류에 상관없이 언제나 선물과 포스트잇은 한 세트! 선물의 가치를 배가시키는 큰 힘은 바로 작은 포스트잇 한 장임을 기억하자.

뜻하지 않은 선물이 최고!

선물 잘 하는 두 번째 방법은 바로 '뜻하지 않은 즐거움 (Unexpected Amusement)'이다. 뜻하지 않은 즐거움은 그렇지 않은 경우에 비해 훨씬 상대의 기억과 선택에 영향을 미친다.

직장 동료들이나 지인이 해외여행 후 선물을 사왔다며 선물

보따리를 여는 순간을 떠올려보라. 마음속으로는 설마 또 면세점 초콜릿은 아니겠지, 열쇠고리나 지역 사탕은 아니겠지, 생각하지 않는가. 예상이 적중하지 않기를 바라지만 이내 아쉬움이 일어나던 순간을 기억할 것이다. 사실 그런 선물들은 떠올리려고 해도 잘 기억나지 않는다.

하지만 피곤한 오후, 나른함에 빠져 있던 나에게 동료가 외근 후 들어오며 건네는 예기치 못한 비타500 한 병은 어떤가? '내가 피곤한 걸 어떻게 알고…'라는 말이 절로 나온다. 무엇이 다른 걸까? 절대 가격이 아니다. 바로 예상치 못한 즐거움을 일으킨다. 동시에 나의 상태에 대한 상호성을 일으킨다. 나를 챙기는구나 하며 그에게 관심이 생긴다.

얼마 전 회사의 디자이너에게 신발 한 켤레를 선물했다. 선물을 한 이유는 내가 신고 온 신발을 보고 그녀가 우연히 던진 말 때문이었다.

"대표님, 새 신발이시죠? 너무 예뻐요! 저도 그렇게 발목까지 올라오는 편한 신발 하나 사야지 했는데 직접 보니 딱 이네요!"

나는 재빨리 그녀에게 무심한 듯 물었다.

"그렇죠! 저도 아주 마음에 들어요. 저는 235 신는데 수연 씨도 나랑 비슷할 것 같은데, 맞아요?"

그냥 내 신발 크기와 비슷한지를 묻는 가벼운 질문 같지만, 이미 깜짝 선물을 해야겠다는 의도를 가지고 던진 말이었다. 그래서 그녀의 신발 사이즈를 물어보았고, 그날 바로 신발을 주문했다. 며칠 뒤, 신발이 도착했고 그녀가 화장실에 다녀온 사이 짜잔 하고 선물을 보여주었다.

당연히 상자에는 포스트잇에 마음을 담은 편지도 포함시켰다. 당신이라면 어땠을까? 전혀 예상하지 못한 날 기대하지 않았던 순간의 선물이었으니 기분이 좋지 않았을까? 역시나 그녀도 갖고 싶었던 것을 뜻하지 않게 선물로 받았으니 만족도는 당연히 최고였다. 그녀의 SNS에 인증사진은 물론 감격과 나에 대한 감사의 마음을 진하게 담은 포스팅이 게시되었음은 말하지 않아도 예상될 것이다. 신발의 가격은 얼마 하지 않는 작은 것이었지만 그녀와 나의 관계는 비용과 비교할 수 없을 만큼 가까워졌다.

선물의 두 번째 팁으로, 선물할 계획이라면 꼭 기억하자. 당신과의 접점에서 관계하는 사람의 반응을 기억하고 챙겨라. 그리고 뜻하지 않은 즐거움을 만들어라. 또 이런 뜻하지 않은 즐거움을 전하는 선물 위에, 첫 번째 방법 포스트잇 메모를 붙이면 효과는 더욱 배가될 것이다. 단, 부담되지 않는 지극히 가벼운 수준의 것이어야 한다는 점도 잊지 말자.

절대 가격을 알려주지 말아라

선물의 기술 세 번째 방법은 바로 '가격 절대로 말하지 않기 (Hide the Price)'이다. 선물을 전하며 은근 가격을 노출하는 이들이 많다. 일반적으로 비싼 선물은 가격을 말하고 싶고 싼 선물은 가격을 숨기고 싶은 게 사람 마음이기 때문이다. 하지만 지금부터는 그 생각을 수정하기 바란다. 가격은 무조건 감춰라.

세인트토머스대학의 제임스 헤이먼(James E. Heyman) 교수와 MIT 미디어랩의 댄 애리얼리(Dan Ariely) 교수는 〈현금과 선물에 관한 실험(Effort for Payment)〉을 진행한다. 아주 간단한 작업을 주문하고 그에 대한 대가로 50센트, 5달러, 그리고 돈 없이 그냥 부탁만 한 경우로 세 가지 실험을 꾸민다. 측정값은 각 조건에서 얼마나 그 일을 성실히 수행하느냐이다. 물론 50센트와 5달러 간의 격차는 당연히 있었다. 돈을 10배 더 많이 받은 그룹이 그렇지 않은 그룹보다 50퍼센트 더 일했다. 하지만 이 실험이 주목하는 진짜 부분은 전혀 돈을 주지 않고 부탁만 한 그룹이다. 이 그룹은 놀랍게도 50센트보다는 말할 것도 없고 5달러를 받은 그룹보다도 더 많은 일을 하는 것으로 관찰되었다.

과연 어떻게 된 일일까? 연구팀은 이를 시장 규범과 사회적 규범으로 설명했다. 쉽게 말하면 거래 개념으로 인지하느냐 신뢰 개념으로 인지하느냐에 따라 상대방의 행동에 차이가 생긴다는 것이다. 돈이 개입되지 않은 상황에서 사람들은 사회적 규범을 따른다. 그냥 관계적인 측면에서 신뢰를 구축한다고 생각하고, 그 의미에 동참한다는 마음을 내는 것이다. 하지만 돈이 개입되는 순간 '나는 받은 만큼, 돈의 액수만큼 일을 하겠어!'라는 시장 규범으로 쏠리게 된다. 다시 말해 사람은 돈이 개입되는 순간 상대의 요청을 거래로 인지하게 된다. 그리고 시장 규범이 개입되는 순간 사회적 규범은 자동적으로 사라져버린다.

그렇다면 만약 실험 요청의 조건으로 돈이 아니라 선물을 제시하면 상황은 달라질까? 그래서 연구팀은 추가적인 실험을 진행한다. 말 그대로 돈 대신 그 돈만큼의 선물을 준 것이다. 한쪽 그룹에는 5센트 가격에 해당하는 스니커즈 초콜릿바를, 다른 그룹에는 5달러 가격의 고디바 초콜릿을 선물했고 역시 또 다른 그룹에는 아무것도 주지 않고 열심히 해달라는 부탁만 한다.

결과는 어땠을까? 놀랍게도 돈 대신 선물을 제시한 경우에는 선물의 가격과 상관없이 세 그룹 모두 동일한 일의 양을 수행했다. 즉 선물은 시장 규범이 아닌 사회적 규범이라고 인지하는 것을 밝혀낸 것이다. 하지만 여기서 한 가지 더 흥미로운 지점은 선물의 가격을 말하는 순간 어떻게 되느냐에 관한 것이다. '이건 5센트짜리 초콜릿이야, 이건 5달러짜리 고디바 초콜릿이야'라며 선물의 가격을 알리는 순간이다. 그러면 즉시 시장 규범의 지배를 받아 첫 번째 실험과 같이 아무런 대가도 받지 않은 그룹이 일을 가장 많이 한 결과가 발생했다. 이해가 되는가? 즉 사람은 받은 돈만큼 일하는 반면 선물은 상대방과의 신뢰 형성 관점에서 일한다. 그러나 그 선물도 가격으로 인지하는 순간 거래 논리로 접근한다.

이런 관점에서 다시 우리의 선물을 생각해보자. 확실히 선물은 효과가 있다. 그러나 그 선물이 얼마나 비싼 것인지를 말하고 싶은 욕구가 일어나더라도 제발 참기 바란다. 선물은 선물로만 생각하기 바란다. 선물의 가격을 말하는 순간 시장 규범이 작동되고 마음이 아닌 머리가 움직이게 된다. 감사의 마음을 전하고 싶다면 내 입으로 선물의 가격을 말하는 것은 금물이다.

작은 정성, 작은 선물의 전략을 살펴보았다. 다시 정리해보자. 선물의 가치를 배가시키는 세 가지 전략을 기억하자. 먼저 작고 네모난 종이 '포스트잇 효과(Post it Effect)'를 적극적으로 활용하자. 또한 사소한 관찰을 통해 '뜻하지 않은 즐거움(Unexpected Amusement)'을 공략하자. 그리고 선물의 가격을 절대로 말하지 말아야 한다. 내 선물의 유니크굿함 만들기는 그리 어려운 일이 아니다. 선물 잘하는 세 가지 방법을 적용해 머리가 아닌 가슴을 움직이는 그런 특별하고 좋은 선물을 해보라. 상대로부터 당신의 선택률을 극적으로 높일 수 있는 사소하지만 작지 않은 힘이 될 것이다.

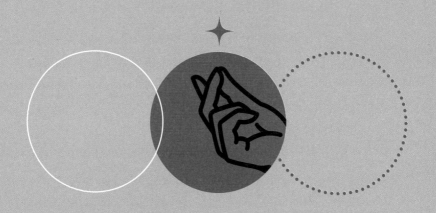

안경을
써야 하는 이유

안경은 꽤나 매력적인 물건이다. 시력이 나빠 쓰는 사람에게도, 패션용으로 쓰는 사람에게도 상대적으로 저렴한 비용으로 얼굴에 착용하는 것만으로 큰 효과를 볼 수 있다. 손목에 차는 시계와 마찬가지로 기능재이지만 동시에 상대의 느낌을 결정할 만큼 큰 기능성을 가지기 때문이다.

그런데 이런 편리함과는 별도로 안경은 생각보다 소비재로서의 선택에 높은 진입장벽을 만든다. 패션재의 특성을 갖고 있다 보니 끊임없이 새로운 제품이 나온다는 점과 옷과는 달리 작은 차이도 구별되는 얼굴에 착용한다는 점 때문에 소비자들은 '선택'의 문제에 직면한다. 또한 착용해봐야 안다는 점, 착용하기 전에는 뭐가 어떻게 다른지 구분하기 어렵다는 점 때문에 구입을 필요로 함에 도 막상 안경점 앞에서는 망설이다 '다음에 사자'라며 지나쳐버리 는 경우가 많다.

이런 이유로 안경 회사는 가장 유행을 따르는 기업이지만 소 비자에게 다가가기 어려운 난제를 가지고 있다. 하지만 이런 시도 는 어떨까? 안경점을 지나치는데 다음과 같은 광고가 눈에 들어온 다면 지나치기가 쉽지 않을 것이다.

안경을 써야 하는 이유?
동네 아저씨와 대학 교수
조직폭력배와 패션 디자이너
살인자의 핏자국과 예술가의 물감 흔적

선택의 이유를 기존의 안경 형태나 소재처럼 공급자 관점에 방점을 두는 것이 아니라 그것을 착용함으로써 달라질 수 있는 연출 스타일을 제시하는 것이다. '안경 새로 맞추긴 해야 하는데…'라고 지나가는 사람에게 말한다면 바로 발걸음을 멈추게 할 수 있는 광고다. 안경을 구입하고 싶은 소비자는 네모난 테를 고를까 동그란 테를 고를까로 선택의 고민을 한다기보다는 자신을 멋지고 예쁘게 만들어줄 만한 '무언가'를 원한다.

즉 자신을 돋보이게 해주는 지점에 관심이 있다. 그런데 대학교수, 패션 디자이너, 아티스트라는 형태로 안경을 씀으로써 연출할 수 있는 차이를 제시하게 되면 훨씬 관심을 가질 수밖에 없다. 국내 광고업체에서 제작한 이 광고 포스터는 벨기에 안경회사의 광고캠페인에서 차용한 것이다.

네 가지의 차이를 보여주고 '당신에게 어울리는 대접을 받으세요(GET THE RESPECT YOU DESERVE)'라는 문구로 이 캠페인의 의미를 드러내고 있다.

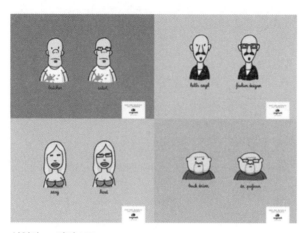

살인마 vs 아티스트
폭주족 vs 패션 디자이너
쉬운 여자 vs 어려운 여자
트럭 운전사 vs 교수

한편 룩옵티컬이라는 안경기업도 이런 관점에서 안경을 구매해야 하는 '이유'를 제시한다. 눈가 커버용, 민낯 방어용, 인상 완화용, 면접 대비용의 네 가지 안경을 제안해 사진처럼 사람들의 시선을 끄는 데 성공했다.

안경을 구매하고자 하는 사람이라면 이 선택의 이유는 한눈에 마음으로 들어올 것이다. 보통의 안경점은 컬러테, 솔텍스, 원형,

- 눈가 커버용: 화장으로 다크 서클이 안 가려질 때,

  칙칙하고 어두운 눈가가 고민된다면 **#컬러안경**

- 민낯 방어용: 오밤중에 남친에게 걸려온 영상통화, 어떡하죠? ><

  은연중에 귀여움을 뽐내고 싶다면? **#솔텍스안경**

- 인상 완화용: 인상이 부리부리해서 부담스러워요;;

  진한 눈매를 부드럽게 만들고 싶다면? **#동그리안경**

- 면접 대비용: 어리숙해 보여서 떨어질까봐 걱정이에요 @.@

  세련되고 단정한 모습을 어필하고 싶다면? **#메탈안경**

메탈 등 안경의 타입을 먼저 제시한다. 하지만 사람은 안경테의 모양이나 소재를 원하는 것이 아니다. 이미 마음속으로 정한 그들의 니즈가 있다. 하지만 먼저 선택의 이유를 물어보면 '가벼운 걸 원해요', '괜찮은 거 뭐 없나요', '무난한 거요'와 같이 별 특징이 없는 이유를 제시한다. 결국 안경을 선택하는 사람은 나쁘지 않은 무언가를 선택하게 될 테고 선택을 합리화하는 만족감을 표현하는 걸로 거래는 끝날 것이다. 하지만 그 손님이 다음에도 그 가게를 이용할까? 그렇지 않을 확률이 높다.

그러나 거꾸로 용도를 제시하면 상황은 완전히 달라진다. 눈가 커버용인가요? 민낯 방어용인가요, 인상 완화용? 인상 강조용인가요? 이런 제시는 안경을 선택하는 새로운 차원을 보여준다. 안경은 인생에서 구입하는 단지 몇 번의 구매가 아니라 용도별, 상황별로 구색을 갖춰야 하는 패션용품이자 기능용품으로서 의상처럼 화장품처럼 기호 소모재로 탈바꿈하게 되는 것이다. 위의 네 가지 용도만으로도 '음…, 안경을 몇 개 사야겠는데?'라는 생각이 들지 않는가? 만약 더 세세하고 흥미로운 니즈를 제시한다면 좀 더 폭넓은 대상 고객에게 선택받을 수 있는 기회를 가질 것이다.

사람은 선택을 선택한다

사람은 선택을 선택한다. 그리고 선택의 이유를 선택한다. 하지만 안경을 사고자 하는 고객처럼 자신의 니즈가 무엇인지 뚜렷하게 인지하지 못한 채 선택을 마주하는 경우가 많다. 이런 종류의 선택은 일시적일 뿐 지속성을 가지지 못한다. 그래서 당신이 먼저 상대에게 선택의 이유를 제시하라.

유능한 신입사원을 뽑고자 하는 면접관에게, 새로운 프로젝트를 론칭하고자 하는 팀장에게, 당신의 제품과 서비스를 선택하기 바라는 고객에게, 투자자, 사업가 등 당신이 상대하고자 하는 이들에게 선택의 이유를 제시해 선택을 유도하라. 그 속에서 어떻게 생각하는지를 물어라. 선택은 당신이 될 것이다.

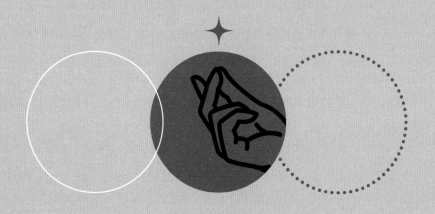

반응이
최고의 광고판이다

그것이 선택되지 않는 이유, 검색되지 않아서? 여행을 가기 전 혹은 도착해서 가장 먼저, 가장 많이 하는 행동은 무엇일까? 그것은 바로 '검색'이다. 여행지에서 들러볼 만한 명소나 그곳에 꼭 사야 할 물건, 무엇보다 압도적인 검색의 이유는 바로 맛집을 찾기 위해서라 할 수 있다. 제주는 대한민국의 손꼽히는 관광명소로 한 번 가면 꼭 다음을 기약하게 되는 여행지다. 그래서 몇 년에 한 번씩은 꼭 시간을 내어 제주도에 들르곤 한다. 올해 봄 몇 년 만에 찾은 제주에서 나는 어김없이 또 검색을 하고 있었다.

'성산 일출봉 맛집' 검색어를 넣고 혹시 모를 광고성 포스팅에

속아 넘어가지 않기 위해 몇 가지 개인적인 팁을 넣어 리뷰를 면밀히 관찰한다. 재빠르게 광고성 글 여부 검증, 실제 방문한 사람 수의 랭킹, 평점 등이 공통적으로 상위에 위치한 한 식당으로 향했다. 그곳은 성산 일출봉에서 그리 멀리 않은 '경미 휴게소'라는 문어 라면이 유명한 식당이었다. 그렇게 나는 제주도까지 가서 대표 메뉴 라면을 먹기 위해 그곳으로 향했다.

검색을 통해 간 식당에서 제일 먼저 하는 행동은 무엇일까? 그것은 내가 이곳을 잘 선택해서 왔는지 블로거들의 말 그대로 정말 맛집인지를 면밀히 관찰하는 것이다. 음식이 나오고 내 입으로 그것을 맛보기 전까지 끊임없이 내 선택이 옳았음을 입증해줄 만한 증거들을 찾느라 바쁘다. 왜냐하면 사람들의 포스팅이 진심에서 우러나온 것인지 어떤 목적을 가진 가짜 글인지 알고 싶기 때문이다. 이것은 곧 내 선택이 옳았음을 간절히 원하는 인간의 본능이기도 하다. 즉 안심하고 옳은 선택의 입증을 통해 마음의 편안함을 찾고 싶은 것이다.

다행히도 이번 선택은 옳았던 것 같다. 우선 벽면과 천장까지 가득 찬 사람들의 낙서와 간간이 보이는 유명인들의 사인은 선택의 결과를 기다리며 불안해하는 내 마음을 달래주기에 충분했다. 불안함이 기대감으로 바뀔 때쯤 딱 먹기 좋게 조금 설익은 문어 라면 한 냄비가 내 앞에 도착했다. 그리고 안정된 마음으로 맛있게 문어 라면을 먹었다.

혹시 이상하다고 생각해본 적이 없는가? 맛집들은 왜 그렇게 유명인들의 사인을 받아 벽에 걸어놓는 것일까? 타인의 반응은 내 선택이 옳았음을 지지해주는 커다란 증거가 되기 때문이다. 그 타인이 유명인이라면 그 효과는 더욱 배가될지도 모른다. 우리는 타인의 반응에 반응해 선택한다. 경미휴게소의 벽면에는 그렇게 문어 라면 이야기가 많았다. 그래서 나는 너무나도 자연스럽게 그 대표 메뉴를 골라 선택했다. 이곳은 수많은 사람들이 핸드폰을 꺼내 카메라 버튼을 누를 이유가 충분해 보였다. 나 역시 포스팅을 위한 사진을 한 컷 찍은 후 한 번도 쉬지 않고 라면 한 그릇을 후루룩 다

먹어 치웠다. 내가 라면 한 그릇을 먹는 짧은 시간에도 사람들은 끊임없이 들어오고 나가기를 반복했고 검색으로 이곳을 찾은 모바일에 익숙한 그들은 일종의 의식과도 같이 젓가락을 들기 전 연신 카메라 버튼을 눌러댔다.

참 이상한 일이다. 라면을 다 먹고 주차한 곳까지 걸어가는 길은 유명 관광지 근처답게 식당들로 가득했다. 문어 라면을 파는 곳은 비단 이곳만이 아니었다. 메뉴 측면에서 문어 라면은 오히려 초라한 메뉴에 가까웠다. 해물 오분작 뚝배기를 비롯해서 갈치조림, 고등어구이에 이르기까지 먹음직스러운 사진들이 붙은 식당이 즐비했다. 하지만 대부분의 식당은 텅 비어 있었다. 같은 위치, 비슷한 메뉴지만 확연히 다른 모습이었다. 과연 사람들은 무엇 때문에 선택을 하고 무엇 때문에 선택을 하지 않는 것일까? 실제로 이 가게의 음식 맛이 잊을 수 없을 만큼인가? 생각해보면 그렇지도 않다. 이 가게가 검색되는 가장 중요한 이유는 말장난 같겠지만 '검색되기 때문'이다. 이제 우리는 검색되지 않는 것은 선택되지 않는 시대에 살게 되었다고 해도 과언이 아니다. 그런데 그 검색의 비밀은 바로 이 벽면의 낙서다. 다시 말하면 사람들의 반응에 반응하도록 하는 기제가 작동한 것이다. 낙서의 대부분은 방문자들의 사적인 내용이다. 주아 다녀감, 은영&가은 영원히… 이런 식으로 우리와는 상관이 없다. 그러나 이곳에 가서 그 낙서를 보면 어떤 생각이 일어날까? 나도 저렇게 해볼까? 다. 즉 반응에 자극을 받는 것이다.

　SNS 시대 사람들은 어디서나 정보를 찾을 수 있다. 제주도 식당, 성산 일출봉 맛집, 지역 주민 맛집 등 이제 검색되지 않는 것은 선택되지 않는다. 그럼 왜 옆집 식당은 검색이 되는데 우리 집은 안 되는 것일까? 왜 같은 수제 햄버거인데도 확연히 다른 포스팅 수가 나오는 것일까? 즐비한 카페들의 차이는 무엇이기에 이런 일이 벌어지는 걸까? 정말 줄이 길게 늘어선 그곳의 음식 맛이 최고이기 때문일까? 아니면 잘 검색되기 때문일까? 하나는 확실하다. 검색되지 않으면 선택될 확률은 확연히 낮아진다는 것이다.

　검색이 안 되는 이유는 간단하다. 사람들이 포스팅할 만한 이유를 찾지 못했기 때문이다. 검색되지 않는다는 것은 당신의 그것을 혹은 당신 자신을 발견할 수 없다는 뜻이다. 그리고 발견할 수 없다는 것은 선택받을 수 없다는 뜻이다. 그렇다면 너무 간단한 일이다. 검색되면 될 일이다. 어떻게? 아주 전략적으로 사진 찍을 이유를 만들어주면 된다. 우리는 흔히 '눈으로 먹는다'라는 이야기를 하곤 한다. 같은 재료를 사용해도 분명 사진 찍기 좋은 모양을 다분히 의도적으로 만들 수 있다. 그릇이나 음식의 모양, 디저트, 인테리어 등 활용할 수 있는 범위는 매우 다양하다. 그리고 핵심적으로 두 번째 이유는 어떻게 하면 될지를 알려주는 일이다. 그것도 아주 많이. 경미휴게소는 다양한 사람들이 다양한 방법으로 어떻게 낙서를 남기면 되는지의 교본이 되고 있다. 그리고 그들이 다시 SNS에 이를 공유함으로써 최고의 광고 주체가 되는 것이다.

　이런 현상은 비단 식당이나 맛집에 국한된 것이 아니다. 당신은 무엇의 정보를 얻을 때, 어떤 아이템을 구입할 때, 새로운 서비스를 선택할 때, 새로운 파트너 등 사람을 선발할 때 어떤 행동을 취하는가? 끊임없이 검색한다. 또 다른 키워드나 경로를 사용해가며 검증한다. 즉 검색되지 않으면 아예 고려군 안으로 들어갈 수 없고 선택될 수 없는 것이다. 마케팅 광고로 검색을 만드는 것은 한정된 자원에서 분명한 한계가 존재한다. 그래서 사람들이 '내가 여기에 오기를 잘했다'라는 진짜 이유를 만들어줘야 하는 것이다. 당신의 일은 당신의 비즈니스는 혹은 당신 자체는 어떻게 검색되고 있는가? 그리고 당신을 선택한 고객이 그 선택을 잘한 선택으로 안심할 수 있도록 만드는 장치는 어떻게 구성해놓았는가?

　선택률을 높이고 싶다면 사람들에게 진짜 이유를 만들어줘야 한다. 사람들이 그것에 주목해야 하는 진짜 이유 한 가지는 무엇인가? 그들이 우리의 경험을 공유할 만한 지점을 뭘로 둘 것인가? 우리는 선택의 전략에서 사람들이 반응에 반응하고 그것이 선택을 부른다는 사실을 알았다. 식당도 제품도 비즈니스도 선택되고 싶은 사람들 역시 마찬가지다. 그것을 발견할 수 있는 곳은 어디인가? 또 그것을 선택했다는 안정감은 어디에서 찾을 수 있는가? 선택의 발견, 그리고 선택의 증거 전략을 세워야 한다.

샌프란시스코 해변가의 이상한 광고판

샌프란시스코의 해변가 도로는 그 풍경이 아름답기로 유명하다. 운이 좋게도 당신은 샌프란시스코 이 아름다운 해변가 도로 위를 달리고 있다. 꽤 혼잡한 고속도로지만 바람도 선선하고 새파란 바다의 표면과 햇빛이 만나 만들어낸 그 오묘한 색에 황홀하다. 그렇게 천천히 달리다가 당신은 도로 위에 세워진 대형 광고판과 마주하게 된다. 무심히 그냥 지나칠 수도 없을 만큼 굉장한 크기의 광고판이다. 그런데 이상하다. 크고 하얀 바탕에 있는 것이라고는 까만 글씨뿐이다. '저게 뭐람?' 이쯤 오면 이것이 궁금해지지 않는가? 고속도로 한복판의 회사나 브랜드 로고도 없는 큰 광고판은 도무지 무엇을 위한 것일까? 그 거대 광고판의 모습은 다음과 같다.

{first 10-digit prime found in consecutive digits of e}.com

{오일러 상수 e에 등장하는 숫자 중 처음 나타나는 10자리 소수}.com

여전히 해석이 안 되지만 공대생, 프로그램을 짤 줄 아는 사람은 해석 가능한 질문이다. 하지만 이것을 풀 수 있는 사람이라 할지라도 난데없이 도로 한복판 위에 나타난 문제를 풀 사람은 과연 몇 명이나 될까? 오일러 상수의 첫 10자리 수도 아니고, 나오는 수 중에 2, 3처럼 소수 중에 최초의 10자리가 되는 소수라니. 당시 이 문제는 구글링을 해도 전혀 답이 나오지 않아 반드시 본인이 프로그램을 짜서 답을 구해야만 하는 상황이었다.

96 6642742746

97 6427427466

98 4274274663

99 2742746639

100 7427466391

7427466391

위와 같이 계산을 하면 드디어 오일러 상수 e에 등장하는 숫자 중 처음 나타나는 10자리 소수인 7427466391을 구할 수 있게 된다. 이제 두근거리는 마음으로 7427466391.com을 들어가볼 차례다. 정말 떨리지 않겠는가? 아무런 표시도 없는 광고판에서 대뜸 이 문제를 풀어보라는 식의 문구. 어렵게 문제를 푼 만큼 기대 반 의심 반의 순간이다. 떨리는 마음으로 드디어 당신은 클릭한다. 그랬더니 이런 문구가 나온다.

"축하합니다. 다음 문제는요!"

'어렵게 어렵게 풀었고만… 지금 나랑 장난해!'

이제 당신에게 남겨진 선택 안은 단 두 가지다.

첫째, 열폭하며 당장 그만두거나 둘째, 다음 문제까지 풀어보는 것이다.

당신이 두 번째도 선택했기를 간절히 바란다. 왜냐하면 두 번째 문제까지 풀고 클릭하면 당신은 다음과 같은 화면을 마주하게 될 것이기 때문이다.

"입사를 축하드립니다"
Congratulations
joined Google!

이 과정은 다름 아닌 세계 젊은이들이 가장 입사하고 싶은 회사 중 하나인 구글의 2004년 입사 전형이었다. '역시 구글은 달라' '이야, 역시 입사도 구글답게 하네!'라는 생각이 드는가? 하지만 이 일에서 우리가 주목해야 할 것은 단순한 감탄 그 이상의 것이다.

구글은 도대체 왜 이런 광고를 낸 것일까?

다시 말하지만 우리는 선택할 것이 너무 많은 시대에 살고 있다. 마트에 가도, 백화점에 가도, 직장, 학교, 집, 자동차, 인테리어 소품, 액세서리, 전자제품에 이르기까지 매일매일이 선택의 연속이다. 이뿐만이 아니다. 어떤 사람을 사귈지, 어떤 친구들과 어울릴지, 수많은 모임 중 어디에 소속될지, 누구와 결혼할지, 어느 회사에 들어갈지, 동시에 회사에서는 수만 명의 지원자들 중 누구를 뽑을지 모든 것이 단 한 단어로 수렴된다.

'선택!'

이는 우수한 인재를 채용해야 하는 기업, 특히 구글에게도 역시 다르지 않은 문제다. 그래서 구글은 그들이 이렇게 독특한 채용 방식을 만든 이유를 다음과 같이 설명했다.

As you can imagine, we get many, many resumes every day, so we developed this little process to increase the signal-to-noise ratio.

당신이 알고 있듯이, 우리는 매일매일 엄청난 양의 입사 지원서를 받습니다. 그래서 우리는 이 과정을 통해 수많은 소음 속의 신호를 잡고 싶었습니다.

그렇다. 소음 속의 신호(Signal-to-noise). 우리는 시끄러운 소음 속에서 내 주파수와 정확히 일치하는 그 신호를 잡아야만 한다. 구글은 제시된 과제를 풀 만큼 실력도 있으며, 아무런 회사 로고 없이도 이 문제를 풀고 싶은 호기심 가득한 인재를 원했던 것이다.

다시, 소음 속의 신호. 수많은 변화와 선택권 속 나는 무엇을 잡아야 하는가? 어떤 주파수와 신호를 맞추면 그 시그널과 만날 수 있을까? 소음 속 '시그널'이 되면 반드시 '선택'된다. 그렇다면 문제는 그 '시그널'을 잡는 것이다.

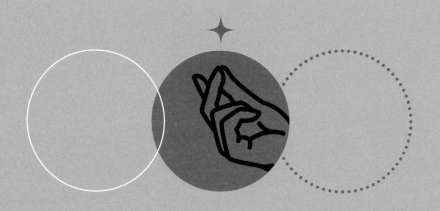

입사를 원하는 자,
미션을 완수하라

"사람이 온다는 것은 실은 어마어마한 일이다. 그는 그의 과거와 현재와 그리고 그의 미래와 함께 오기 때문이다. 한 사람의 일생이 오기 때문이다." 정현종 시인의 시 〈방문객〉이다. 기업을 경영하는 사람이나 조직을 이끄는 이들에게 이 시만큼 사람의 중요성을 잘 표현한 문장이 있을까.

기업의 탄생은 태생적으로 혼자 할 수 없는 일을 함께 하기 위함에서 비롯된다. 때문에 처음에는 혼자, 또는 마음 맞는 동료와 회사를 꾸리지만 이내 나와는 일면식도 없는 누군가를 구성원으로 만나 미래를 만들어가야 한다. 그런 이유로 '채용'이라는 과정은 기업의 핵심 경쟁력이자 미래를 결정하는 원동력이다.

그런데 막상 채용공고를 내고 지원자를 받으면 대단히 곤란한 상황을 만나게 된다. 주요 취업 포털 사이트에 채용공고를 내면, 클릭 몇 번 만으로도 입사지원을 할 수 있는 통에 일단 내고 보자는 지원자들의 지원 서류가 잔뜩 도착한다.

내가 기대하는 지원자의 자질과는 너무나도 동떨어진 지원자로 가득하다. 분야가 맞지 않는 것은 그래도 양반이다. 다른 기업에 사용했던 그 회사의 이름이 적힌 지원서를 보내는 이가 생각보다 많음에 놀랄 정도였다.

그리고 도무지 이력서를 통해서는 지원자의 유니크굿함을 찾아내기가 정말로, 정말로 어려웠다. 나도 모르게 색다른 게 없는지 찾아보는 것은 그야말로 유니크굿을 찾아내고자 하는 보통 사람의 본능이었다. 그대들의 어린 시절은 관심이 없으니 제발 그만. 호구 조사하고 가풍을 보려고 그대들을 찾는 것이 아니라오. 재미있는 것은 자소서도 유행을 따른다는 점이다. 혼밥이 트렌드다 하면 모두 혼밥 이야기를, 워라밸이 유행이다 하면 모두 그 이야기뿐이다.

그렇게 서류 심사에서 걸러내고 직접 대면하는 면접 심사가 시작되면 상황은 더 악화된다. 자소서와 너무 동떨어진 사람, 1만큼 하고서는 100만큼 했다고 부풀리는 사람, 사회가 바보고 자신은 똑똑하다 생각하는 이상한 믿음을 가진 사람, 참 다양하다. 하지만 내가 찾는 사람은 그의 능력이나 업적이 아니라 '우리'가 될 수 있는 사람인데 그런 지점에서 생각하는 사람은 놀라울 정도로 적다. 그러니 그들의 잘못이 아니라 우리의 기대가 잘못이라고 인정하는 것이 빠르다.

중요한 것은 지원자나 그것을 심사하는 사람이나 귀중한 시간을 낭비한다는 점이다. 지원자는 지원자 나름의 시간과 에너지를 들여 문서를 준비해 보냈을 테고 면접은 더더욱 그럴 것이다. 심사자는 말할 것도 없다. 상대가 한 명이라면 간단할지 모르겠지만 지원자가 많을수록 꼼꼼히 살펴보는 데에 상당한 시간이 걸린다. 체력은 말할 것도 없다. 대기업이 아니고서야 기업의 심사자는 본인의 업무가 따로 있는 사람인 경우가 태반이다. 즉 면접을 준비하는 시간만큼 본인의 업무를 할 수 없게 된다. 우리가 찾는 사람을 만나기 위해 반드시 필요한 시간이라고 할 수도 있겠지만, 좀 더 직접적인 방법으로 접근할 수는 없는 걸까?

이 글을 쓰는 우리 두 사람은 유니크굿컴퍼니라는 회사를 경영한다. 주 사업은 현실 공간에 이야기를 입히고 그 이야기를 퀘스트라는 형태로 직접 모험하고 경험하도록 만드는 미래형 랜드마크 스토리텔링 프로그램인 '리얼월드'라는 사업이다. 쉽게 말하면 〈인디아나 존스〉나 〈다빈치 코드〉처럼 극장에서 보는 영화를 현실 공간에서도 즐길 수 있는 트랜스 미디어 장르이고, 컴퓨터로 즐기는 롤플레잉 게임을 현실에서 내가 즐길 수 있도록 하는 신개념 실감형 게임이라고 보면 된다.

때문에 이 사업에 적합한 인재는 평범함 속에서 흥미로운 것들을 발견하고 그 디테일을 의미로 만들어낼 수 있는 소양을 가진 사람이다. 한마디로 호기심과 엉뚱한 상상력이 가장 중요한 자질이며 그것을 형태로 만들어낼 수 있는 니드 포 컴플리션이 되는 사람이다. 전공 불문, 학력 무관, 농담이 아니다. 좋게 말해서 크리에이티브한 역량을 발휘할 수 있는 사람을 찾다 보니 일반적인 서류전형 방법으로 인재를 찾는 것은 정말 쉬운 일이 아니다.

그래서 우리는 상시채용으로 인재를 찾고 있다. 문제는 비정기적으로 지원자의 서류가 도착하고 그때마다 하던 일을 멈추고 들여다보고 만나야 한다는 것이다. 누구나 지원할 수 있다. 그러다 보니 상대적으로 지원자가 자주 있는 편이다. 그러나 매번 고민했던 것이 서로에게 너무나도 아까운 시간을 낭비하고 있다는 느낌이었다. 우리도 잘못하고 있다는 생각이 들었다. 그들의 정보를 파악하는 데 시간이 걸렸던 것처럼 상대 역시 우리를 발견하고 지원할까 말까를 고민하는 데 어려움을 겪을 수 있겠다 싶었다.

우리 역시 구글의 접근대로 우리와 성향이 유사한 사람의 안테나에 우리의 신호가 닿을 수 있도록 하는 접근을 시도하기로 했다. 리얼월드의 게임 요소를 입사 지원에 활용하자는 생각이었다. 그래서 우리는 여러 채용 사이트에 다음과 같은 공고를 낸다.

입사를 원하는 자 미션을 완수하라!

유니크굿 채용사이트

지원을 희망하는 자는 접수용 이메일 주소를 알아내야 한다. 총 11자 길이에 해당하는 메일 주소인데 연속해서 제시되는 이미지들 속에 숨어 있는 퍼즐의 답을 찾아야만 채울 수 있다.

유니크굿 미션

예를 들면 첫 번째 미션의 답은 무엇일까? TV는 U, MO는 N, HJ는 I, PR은 Q다. 여러분은 풀 수 있을까? 궁금하다면 언제든 유니크굿컴퍼니 카카오톡 계정으로 질의하면 알려준다.

답을 모두 알면 해당 주소로 지원서를 보낼 수 있다. 난이도는 비교적 낮은 편이다. 물론 사람마다 퍼즐을 푸는 방식이 다르기 때문에 어떤 이에게는 너무나도 쉽지만 어떤 이에게는 대단히 어려울 수도 있다. 풀지 못한다고 해서 실망하지는 말자. 본인이 반응하는 안테나가 다를 뿐이니까.

우리는 이런 지점을 좋아하고 반응하는 지원자를 찾고 싶었다. 어떤 이는 지원서를 쓰는 것도 힘든데 퀴즈까지 풀어야 하느냐고 반문할 수도 있다. 반면 이 관문을 통과하지 못함으로 인해 서류 작성과 면접에 불필요한 에너지를 쓰는 것을 방지할 수도 있으니 꼭 그렇게 볼 점은 아니다.

과연 어떻게 됐을까? 여러분 기대 그대로다. 처음엔 이 문제를 풀고 지원서가 도착할까 싶었지만 생각보다 많은 이들이 메일 주소로 답을 알려왔다. 특히 지원 의사가 없음에도 호기심에 반응해서 답을 찾았다며 기쁜 마음으로 메일을 보내는 이도 많았다. 우리도 관문을 통과한 이의 지원서를 받게 되니 검토하기가 훨씬 수월했고 호기심과 문제해결 능력의 기본 요건을 통과한 자로서 바로 본론을 물어볼 수 있어서 여러 모로 유익했다. 특히 유니크굿컴퍼니, 내지는 리얼월드라는 것에 대해서 사람들의 주목과 선택을 받을 수 있는 특별한 지점을 마련했다는 평가에서 괜찮은 시도였다고 판단한다.

여러분은 어떤가? 내가 찾는 사람을 만나고 싶다면 그들이 반응하는 안테나의 특성을 주목하고 그 주파수에 맞춰 교신하는 것이 중요하다. 그것이 오히려 당신과 일을 주목받게 만드는 유니크굿 지점이 된다.

아직 끝이 아니다. 지원자 가운데 우리가 찾는 사람이 아니구나 싶을 때가 많았다. 그럼에도 불구하고 우리의 선택이 옳은 걸까? 지원자의 가능성에 대해서 우리가 못 알아본 것이 아닐까 하는 두려움도 있었다. 그래서 우리는 또 다른 유니크굿한 시도를 감행

했다.

판단이 서지 않는 사람에 대해서는 면접 시 긍정의 시그널을 보낸다. '다시 뵙기를 바라고요, 저희가 연락드리면 내치지 말고 꼭 회신주세요'라며 헤어진다. 그리고 심사숙고 끝에 채용 탈락 메일을 보낸다. 잠정적으로 채용을 하지 않기로 결정이 내려진 상대에 대해 그 결정을 알리는 연락을 보낸다. 그런데 통상적인 거절 메일은 참으로 형식적이고 무미건조하다. 연락하는 입장에서도 상대가 상처받지 않을까, 또 응원하고 싶은 마음이 있다 보니 조심 또 조심해서 보낸다. 보통 메일은 다음과 같은 모양이다.

> 당사의 채용에 관련한 면접에 참석해주심을 감사드립니다.
> 귀하의 인상적인 경력과 면접에도 불구하고 예상보다 많은
> 지원자들로 인해 최종 전형 결과 합격하지 못하였음을 통보드립니다.
> 아쉽지만 귀하의 면접 참석에 대해 다시 한 번 감사드리며
> 앞으로 귀하의 취업에 좋은 결과 있기를 기원하겠습니다.

하지만 우리는 지원자와 한 번의 만남을 더 하고 싶었다. 그래서 면접 시 연락 가면 무시하지 말고 회신 달라는 요청을 힘줘서 한다. 상대가 우리의 연락에 반응하면 편안한 환경에서 다시 이야기를 나눠보고 싶었다. 그래서 다음과 같이 메일을 보낸다.

당사의 채용공고에 지원해주신 ○○○님 안녕하세요, 유니크굿컴퍼니입니다.

신호를 지나치지 않고 호기심으로 다가와주셨는데

이번 서류 전형에 합격하지 못하였음을 통보드립니다.

좋은 소식을 전해드리지 못해 대단히 죄송합니다.

아쉽지만 다음 기회에 또 좋은 인연으로 만나뵐 수 있기를 기대합니다.

유니크굿은 ○○○님의 더 멋진 내일을 응원하겠습니다.

아무렇지 않던 인연이 필연을 만들기도 합니다. 저희도 노력하는 모습으로

굿에 만족하지 않고 유니크굿으로 세상에 좋은 영향을 미칠 수 있도록

맨 처음 가진 초심으로 계속 성장해 ○○○님을 만나뵙도록 하겠습니다.

아울러 유니크굿은 우리의 인연을 이어가기 위해

다음의 모임에 초대드립니다.

일시: ○○○○ ○○ ○○, ○○

장소: ○○○○○

메일을 보시면 ○○○-○○○○-○○○○으로 문자나 전화로 연락주세요.

거듭 말씀드리지만 저희와의 만남이 계속되기를 바랍니다. 감사합니다.

유니크굿 드림

이 메일은 어떻게 읽히는가? 얼핏 채용 탈락 메일로만 읽히는가? 그러나 뒷부분부터 읽어보라. 우리의 인연을 이어가기 위해 초대하고자 한다. 시간과 장소를 알려주고, 메일을 보면 문자나 전화로 연락을 달라고 한다. 그리고 거듭 만남이 계속되기를 바란다고 말한다. 하지만 핵심은 이 메일의 인사말이다. 메시지를 다시 읽어보라. 첫 글자만. '당신이 좋아 유아굿맨', 물론 탈락자를 대상으로 장난하는 것 같다라는 비판도 가능하다. 하지만 절대로 장난이 아니다. 채용은 상대의 인생에도 우리의 인생에도, 우리 회사에도 대단히 중요한 문제이기 때문이다.

우리가 기대한 것은 입사 희망자가 퍼즐을 풀어야 지원서를 보낼 수 있듯, 면접 과정에서 시그널을 여러 차례 주었을 때도 그 미묘한 뉘앙스를 느끼기 바랐고 탈락 메일도 한 번만 읽어보면 탈락이 아닐 수 있다는 생각을 할 수 있기 바랐다. 그리고 무엇보다 메일에 반응해주기를 바랐다. 좋은 시간이었다. 또는 기분 나빴대도 좋다. 하지만 대부분의 사람들은 우리가 보낸 메일을 열지 않았다. 그리고 이 시그널을 놓치지 않은 사람은 우리의 특별한 인재로서 함께하고 있다. 이렇게까지 지원을 해야 하느냐라고 생각한다면 물론 그럴 필요는 없다.

하지만 선택과잉 시대, 이제는 너무나도 많은 것들 속에서 선택받기가 점점 더 어려워지고 또한 선택하기도 어려워진다. 이제 우리에게 필요한 것은 당위적인 구호나 주장이 아니라 특별한 주파수를 가진 사람들이 서로 감응하도록 하는 접근이다. 그것이 구별되고 탁월성을 가지는 유니크굿한 것들이 선택되는 시대의 마땅한 접근 지점이다. 본인을 유니크굿하게 만들고, 또한 유니크굿한 이들의 선택을 받을 수 있도록 하는 시도는 생존을 위해서 집중해야 하는 중요한 지점이다. 여러분도 도전해보고 싶지 않은가?

콜럼버스의 달걀에 숨겨진 비밀

1492년 신대륙을 발견한 콜럼버스의 성과를 축하하는 잔치가 열렸다. 세 척의 큰 배를 이끌고 선원들의 저항과 동요를 설득하고, 항해 도중 아내까지 세상을 떠나며 언제 끝날지도 모를 미지의 지점을 향해 떠난 여정은 마침내 바하마 군도의 한 섬에 도착하며 역사적인 순간을 맞게 된다. 그 크기를 짐작도 할 수 없는 어마어마한 아메리카 대륙을 찾아낸 것은 유럽은 물론 세계사의 흐름을 바꾸는 데에 큰 영향을 미친 일이었다. 후원자는 물론 콜럼버스 개인의 명예와 경제적 이득 역시 말할 필요가 없을 정도였다. 때문에 성대한 축하 파티가 개최되었고 사람들은 콜럼버스를 만나기 위해 몰려들었다. 그러나 파티에 모인 귀족들의 일부는 그의 발견을 아주 냉정하게 평가했다.

"누구나 해류를 따라 배를 타고 서쪽으로 가기만 하면 찾을 수 있는 일을 뭐 그렇게 대단하다고 말하는가."

훗날 프랑스 작가 앙드레 모로와도 아메리카 대륙의 발견이 '그의 발에 우연히 차였다'라고 주장하기도 했다. 여러 면에서 콜럼버스의 발견은 하늘이 준 행운이라는 측면도 부정할 수는 없었다. 한편 현장의 분위기가 갑자기 냉랭해지자 콜럼버스는 뜻밖의 제안을 한다.

"당신들, 이 달걀을 세울 수 있소? 나는 할 수 있소만…."

사람들은 말도 안 된다며 화제를 돌리려는 의도라고 생각했다. 그때 콜럼버스는 달걀의 한쪽을 깨뜨려 바닥으로 두고 세운다. 당연히 이렇게 하면 어렵지 않게 세울 수 있다. 이 상황에서 콜럼버스는 달걀을 보고 말한다.

"이처럼 알고 나면 간단한 일이오. 하지만 그 전에는 아무도 이렇게 할 생각을 하지 않았지 않소."

 알고 나면 너무 당연한 일이지만, 알기 전에는 엄두도 내지 못했던 지점. 정말이지 모진 고생을 겪어서였을까, 콜럼버스의 이 말은 참으로 혜안을 가진 자의 표현이 아닐 수 없다. 해류만 타면 당연히 갈 수 있었던 그곳을 그 전에는 왜 아무도 가지 못했던 것일까. 그것은 당연한 것이 아니었기 때문이다. 아무도 그런 관점 너머에서 생각해보지 않았고 시도해보지 않았기 때문이다.

 바야흐로 연결의 세기이며, 모든 것이 융합되는 4차 산업혁명의 시대에 접어들었다. 변하지 않는 유일한 진실은 변하지 않는 것은 아무것도 없다는 말처럼 모든 것은 이전과는 다른 양상으로 펼쳐지고 있다. 당연히 선택과 성장, 성공을 가르는 많은 규칙과 기준들 역시 새로워지고 있다. 그렇다면 우리의 생각과 전략 역시 새로운 기준에서 바라보아야 한다. 그것이 당연하다 느껴지는 지점에서 구별성, 상호성, 탁월성의 유니크굿만이 오직 선택이 일어나는 지점이다. 동질집단의 반응이 곧 에너지다. 알고 나면 당연하다. 그러나 우리는 얼마나 비슷해지기 위해 노력해왔던가. 비단 콜럼버스만의 이야기일까?

그런데 달걀은 정말 세울 수 없는 걸까?

콜럼버스가 했던 것처럼 달걀의 한쪽 면을 깨지 않는다면, 과연 이 달걀은 세울 수 없는 걸까? 마음속으로 잠깐 생각해보기 바란다. 세울 수 있을까 없을까? 아마도 아무런 도구나 상황의 도움 없이는 세우기 어렵다고 생각할 것이다. 옆으로 눕히는 형태라고 말하거나 빠르게 회전시키면 잠깐 서지 않을까 하기도 할 테다. 또는 바닥이 모래처럼 되어 있거나 구멍이 있어서 달걀이 설 수 있도록 하면 가능하겠다 정도까지도 생각할 것이다. 하지만 아무런 도구의 도움 없이 그저 평평한 바닥에 달걀을 세우라고 한다면 가능할까? 날달걀뿐만 아니라 맥반석 달걀이든 달걀의 종류는 상관없다고 가정하자.

달걀은 세울 수 있다. 그것도 아주 짧은 시간에.

여러분도 해보길 바란다. 거의 예외가 없는 이상, 7분 안에 반드시 세울 수 있다. 호흡을 가다듬고 두 손으로 집중해서 달걀을 세워보기 바란다. 호기심이 일어나는 지금, 바로 냉장고에 가서 달걀을 꺼내 실험해보라. 10초, 20초 세워보려고 하지만 계속 넘어지더라도 인내심을 갖고 시도해보라. 거짓말처럼 달걀이 서 있는 순간을 만날 것이고, 본인 스스로 해냈음에도 믿어지지 않을 것이다. 그리고 '달걀은 선다!'라는 사실을 주변에 알려주고 싶어서 근질근질할 것이고 사진과 동영상도 이미 촬영했을 것이다. 자녀나 주변의 아이들에게 보여주는 즉시 여러분은 영웅이 될 것이고, 사람들의 당황하는 모습에 의기양양해 있는 자신을 발견할 것이다. 각종 교육현장에서 달걀 세우기를 주문하면 항상 강의장은 아수라장이 된다. 처음엔 심드렁하게 "에이, 이런 게 되나?" 하던 사람들이 잠시 후 "된다!" 하고 환호성을 지른다. 사람들의 열광에 나도 해봐야지 하며 다시금 매달리게 되고, 이내 사람들은 뛰어다니며 아직 성공하지 못한 사람을 응원한다.

달걀 세우기에 작용되는 힘은 하나가 아니다.

달걀을 세울 때, 우리는 좌우 균형을 맞추는 게 가장 중요하다고 생각한다. 하지만 달걀에 작용하는 또 다른 지점이 존재한다. 첫째, 바로 중력이다. 보이지 않는 손이 하나 더 있는 것이다. 그리고 달걀 표면은 매끈해 보이지만 실상 상당히 불균형의 연속이다. 즉 미시의 관점에서 들여다보면 달걀의 균형을 맞출 수 있는 많은 지점이 존재하는 것이다. 금고의 로터리식 자물쇠를 돌려가며 암호키의 지점에 도달하듯, 달걀의 표면과 바닥과 중력의 균형이 맞는 지점을 침착하게 호흡하며 접근하면 길지 않은 시간에 세우게 된다.

선입견은 여전히 우리를 사로잡고 있다.

사실 달걀 세우기(Egg Balancing)는 중국과 미국에서 오래전부터 전해내려온 전통놀이임에도 우리는 잘 알지 못한다. 콜럼버스의 달걀에 비견되는 이 실험은 500년이 지난 지금에도 새로울 것이다. 500년 동안 우리는 수많은 새로운 상식과 지혜들을 축적해왔지만 여전히 그때에 비해 크게 다르지 않은지도 모른다. 우리는 얼마 알지 못하는 것으로 미지의 세상을 해석한다. 해보지 않았고 생각해본 적 없음에도 미지의 것을 쉽게 평가한다. 콜럼버스가 말한 것처럼 알고 나면 너무나도 당연한 것이지만, 알지 못하는 것으로 알지 못하는 것을 평가하고 있는 것이다.

혁신도 마찬가지다. 인간은 끊임없이 새로운 것에 열광하지만 이내 식상해하고 또 다른 흥미로운 것을 찾는다. 반대로 말하면 세상은 계속해서 변화를 요구하고 변화가 곧 세상인 것이다. 결국 우리의 삶은 기존에 알고 있던 미지를 계속해서 찾아가는 여정의 연속이다. 더 이상 새로울 것이 없다고 생각하지만 달걀 세우기처럼 이 작은 것에도 새로움이 존재하고 이해하지 못했던 또 다른 진실이 존재한다. 그저 안다고 생각하고 새로울 것이 없다고 치부하는 관점과 직접 해봄으로써 그 속에 숨겨져 있는 새로운 면을 발견하고 신대륙의 발견처럼 혁신의 노다지를 차지할 수도 있는 것이다.

관계 또한 그렇다. 우리는 상대에 대해서 쉽게 판단을 내리고,

그의 이야기를 잘 알고 있다고 생각하지만 실상은 전혀 그렇지 않다. 서로의 생각과 경험은 언제나 전혀 다른 지점에 존재할 수 있다. 매일 다른 관점을 형성하고, 다른 인사이트를 축적해가고 있다. 매일의 차이는 미미해 보일지 몰라도 결국 이 세상에 존재하는 수많은 전문가와 기업들은 이전에 없던 놀라움을 창조해낸다.

때문에 우리가 갖고 있는 수많은 선입견들을 걷어내고, 미지의 것에 대해서 계속 접근해야 한다는 생각이 필요하다. 그리고 이런 것을 바탕으로 서로 다름을 연결하고 시도하고 창발시키는 것이 중요하다. 그저 작은 달걀 하나를 가지고 너무 큰 이야기를 하는 것일까? 또는 이 하나로 그런 큰 생각을 들여다볼 수 있다면 참으로 수지맞는 멋진 일이 아닐까. 유니크굿은 우리의 일상에서 알던 일부 지식으로 알지 못하는 것을 바라보는 틀 안에 갇힌 생각에서가 아니라 사람의 내면과 본질을 이해하고자 하는 사람으로의 전략이다. 이러한 관점으로 이 세상 모든 이들의 유니크굿함이 발견되고 그것으로 세상을 향한 다양한 가능성을 창발시키는 촉매가 되기를 바란다.

Everyone's Unique Good.

You too!

선택받는 것들의 비밀

유니크굿

2019년 1월 21일 초판 1쇄 발행

지은이   송인혁, 이은영
펴낸이   김남길
펴낸곳   프레너미
등록번호   제387-251002015000054호
등록일자   2015년 6월 22일
주소   경기도 부천시 원미구 계남로 144, 532동 1301호
전화   070-8817-5359
팩스   02-6919-1444

프레너미는 친구를 뜻하는 "프렌드(friend)"와 적(敵)을 의미하는 "에너미(enemy)"를 결합해 만든 말입니다.
급변하는 세상속에서 저자, 출판사 그리고 콘텐츠를 만들고 소비하는 모든 주체가 서로 협업하고 공유하고 경쟁해야 한다는
뜻을 가지고 있습니다.
프레너미는 독자를 위한 책, 독자가 원하는 책, 독자가 읽으면 유익한 책을 만듭니다.
프레너미는 독자 여러분의 책에 관한 제안, 의견, 원고를 소중히 생각합니다.
다양한 제안이나 원고를 책으로 엮기 원하시는 분은 frenemy01@naver.com으로 보내주세요.
원고가 책으로 엮이고 독자에게 알려져 빛날 수 있게 되기를 희망합니다.